Primera guerra mundial

Una guía fascinante sobre la primera guerra mundial y cómo el tratado de Versalles de 1919 influyó en el surgimiento de la Alemania Nazi

© Copyright 2019

Todos los Derechos Reservados. Ninguna parte de este libro puede reproducirse de ninguna forma sin el permiso por escrito del autor. Los comentaristas literarios pueden citar breves pasajes en sus revisiones.

Descargo de responsabilidad: Ninguna parte de esta publicación puede reproducirse o transmitirse de ninguna forma o por ningún medio, mecánico o electrónico, incluido el fotocopiado o grabación, o por cualquier sistema de almacenamiento y recuperación de información, o transmitida por correo electrónico sin el permiso por escrito del editor.

Si bien se han hecho todos los intentos para verificar la información provista en esta publicación, ni el autor ni el editor asumen ninguna responsabilidad por errores, omisiones o interpretaciones contrarias al tema en este documento.

Este libro es solo para fines de entretenimiento. Las opiniones expresadas son solo del autor, y no deben tomarse como instrucciones u órdenes de expertos. El lector es responsable de sus propias acciones.

El cumplimiento de todas las leyes y regulaciones aplicables, incluidas las leyes internacionales, federales, estatales y locales que rigen las licencias profesionales, las prácticas comerciales, la publicidad y todos los demás aspectos de hacer negocios en los EE. UU., Canadá, el Reino Unido o cualquier otra jurisdicción es responsabilidad exclusiva del comprador o lector.

Ni el autor ni el editor asumen responsabilidad alguna sobre estos materiales por parte del comprador o lector. Cualquier desaire percibido hacia cualquier individuo u organización es completamente involuntario.

Tabla de Contenidos

PRIMERA GUERRA MUNDIAL 3

UNA GUÍA FASCINANTE SOBRE LA PRIMERA GUERRA MUNDIAL Y CÓMO EL TRATADO DE VERSALLES DE 1919 INFLUYÓ EN EL SURGIMIENTO DE LA ALEMANIA NAZI 3

CRONOLOGÍA DE LOS ACONTECIMIENTOS SIGNIFICATIVOS EN LA PRIMERA GUERRA MUNDIAL 1

INTRODUCCIÓN 6

CAPÍTULO UNO - LOS DISPAROS FATALES QUE PREPARARON EL ESCENARIO PARA LA GUERRA 10

CRONOLOGÍA DE LOS PRIMEROS PAÍSES QUE INGRESARON A LA GUERRA EN 1914 14

CAPÍTULO DOS - EL FRENTE OCCIDENTAL Y LA PRIMERA BATALLA DEL MARNE 16

CAPÍTULO TRES – LA GUERRA EN LAS TRINCHERAS 20

CAPÍTULO CUATRO - EL FRENTE ORIENTAL Y LA BATALLA DE TANNENBERG 24

CAPÍTULO CINCO - LA BATALLA DE YPRES Y LA TREGUA NAVIDEÑA 31

CAPÍTULO SEIS - SEGUNDA BATALLA DE YPRES Y LA INTRODUCCIÓN DE LA GUERRA QUÍMICA 36

CAPÍTULO SIETE - GUERRA QUÍMICA EN EL FRENTE OCCIDENTAL 40

CRONOLOGÍA DE LOS ATAQUES CON GAS QUÍMICO EN LA PRIMERA GUERRA MUNDIAL 44

CAPÍTULO OCHO - MI MUCHACHO JACK, EL VERDADERO COSTO HUMANO DE LA PRIMERA GUERRA MUNDIAL 46

CAPÍTULO NUEVE – LA CAMPAÑA DE GALLIPOLI 50

CAPÍTULO DIEZ - LA BATALLA DE JUTLANDIA 55

CAPÍTULO ONCE - LA DECADENCIA DEL IMPERIO RUSO 60

CAPÍTULO DOCE - LA BATALLA DE VERDÚN 64

CAPÍTULO TRECE - LA BATALLA DEL SOMME 70

CAPÍTULO CATORCE - LOS ESTADOS UNIDOS SE UNEN A LA GUERRA 75

CAPÍTULO QUINCE - LOS ÚLTIMOS DÍAS DE LA GUERRA Y EL TRATADO DE VERSALLES 78
POR LOS CAÍDOS 82
CAPÍTULO DIECISÉIS: LÍDERES MUNDIALES QUE DESEMPEÑARON UN PAPEL FUNDAMENTAL EN LA PRIMERA GUERRA MUNDIAL 84
CONCLUSIÓN 95
REFERENCIAS 98

Cronología de los Acontecimientos Significativos en la Primera Guerra Mundial

1914

28 de junio: Asesinato de Francisco Fernando

28 de julio: El Imperio austrohúngaro declara la guerra a Serbia

> Alemania inmediatamente se alía con el Imperio austrohúngaro y declara la guerra a Serbia.
>
> Rusia, de acuerdo con su alianza con Serbia, comienza a movilizarse para la guerra el 29 de julio.

1° de agosto: Alemania declara la guerra a Rusia

> Francia se ve forzada a movilizarse de acuerdo con su tratado con Rusia.
>
> 3 de agosto: Alemania declara la guerra a Francia y las tropas alemanas entran en la neutral Bélgica.
>
> El canciller británico, Sir Edward Gray, envía un ultimátum a Alemania exigiéndole retirar sus tropas de Bélgica.

4 de agosto: Alemania se niega a retirarse de Bélgica

> Gran Bretaña declara la guerra a Alemania
>
> 2 3 de agosto: Japón, de acuerdo con una alianza firmada con Gran Bretaña en 1902, declara la guerra a Alemania.
>
> 4 de agosto-6 de septiembre: Batalla de las Fronteras.

26-30 de agosto: Batalla de Tannemberg.

6-10 de septiembre: Primera Batalla del Marne.

19 de octubre: Comienzo de la Primera Batalla de Ypres.

29 de octubre: el Imperio Otomano (actual Turquía) entra en guerra del lado de las Potencias Centrales y ayuda a Alemania en un bombardeo naval a Rusia

2 de noviembre: Rusia declara la guerra al Imperio otomano.

5 de noviembre: Gran Bretaña y Francia declaran la guerra al Imperio otomano.

22 de noviembre: Fin de la Primera Batalla de Ypres.

24-25 dediciembre: Tregua navideña en el Frente Occidental.

1915

19 de febrero: Comienzo del bombardeo naval de los Dardanelos.

18 de marzo: Fin del bombardeo naval de los Dardanelos.

22 de abril: Comienzo de la segunda Batalla de Ypres.

2 y 5 de abril: Inicio de la campaña de Gallipoli.

7 de mayo: El submarino alemán hunde el Lusitania.

23 de mayo: Italia se une a la guerra del lado de los Aliados.

25 de mayo: Fin de la Segunda Batalla de Ypres.

25 de septiembre: Comienzo de la Batalla de Loos.

8 de octubre: Fin de la Batalla de Loos.

1916

9 de enero: Fin de la Campaña de Gallipoli.

21 de febrero: Inicio de la Batalla de Verdún.

31 de mayo -1º de junio: Batalla de Jutlandia.

4 de junio: La ofensiva rusa de junio, incluida la ofensiva Brusilov, se lanza en el frente oriental para coincidir con la batalla del Somme.

1 de Julio: Comienzo de la batalla del Somme.

20 de septiembre: Fin de la ofensiva rusa.

18 de noviembre: Fin de la batalla del Somme.

18 dediciembre: Fin de la batalla de Verdún.

1917

15 de marzo: El zar Nicolás se ve obligado a abdicar del trono ruso, terminando 304 años de gobierno de los Romanov.

El zar Nicholas es reemplazado por un gobierno provisional.

6 de abril: Estados Unidos de América se une a la guerra.

1-19 de julio: La Ofensiva Rusa de julio (Ofensiva de Kerensky) en el Frente Oriental.

6-7 de noviembre: Estalla la Revolución en Rusia, y el gobierno provisional es derrocado por los bolcheviques.

1918

3 de marzo: Rusia firma el Tratado de Brest-Litovsk con las potencias centrales, y termina la guerra en Rusia.

17 de julio: El zar Nicholas y su familia son asesinados en Ekaterimburgo.

8 de agosto: Comienzo de la Ofensiva de los Cien Días.

11 de noviembre: La Primera Guerra Mundial termina oficialmente a la undécima hora del undécimo día del undécimo mes.

Introducción

"Dolce et Decorum est"

Por Wilfred Owen

Doblados sobre sí, como viejos mendigos debajo de sacos,

Golpeando las rodillas, tosiendo como brujas, maldecimos a través del lodo,

Hasta que en las llamaradas inquietantes dimos la espalda,

Y hacia nuestro lejano descanso comenzamos a caminar penosamente.

Los hombres marchaban dormidos. Muchos habían perdido sus botas,

Pero cojeando seguían, ensangrentados. Todo se volvió penoso; todo ciego

Borrachos de fatiga; sordos incluso al ulular

De proyectiles de gas cayendo suavemente detrás.

¡Gas! ¡GAS! ¡Rápido, muchachos! Un éxtasis de torpeza.

Ajustando los toscos cascos justo a tiempo,

Pero alguien todavía estaba gritando y tropezando

Y tambaleándose como un hombre en llamas o encalado.

Oscuridad a través de los cristales brumosos y la espesa luz verde,

Como bajo un mar verde, lo vi ahogarse.

En todos mis sueños ante mi impotente vista,

Se lanza hacia mí, destripado, asfixiado, ahogándose.

Si en algunos sueños asfixiantes, tú también podrías caminar

Detrás del carro en el que lo arrojamos,

Y mirar los ojos blancos retorciéndose en su rostro,

Su cara colgando, como un demonio enfermo de pecado;

> Si pudieras escuchar, en cada sacudida, la sangre
> Viniendo en gárgaras de pulmones corruptos de espuma,
> Obsceno como el cáncer, amargo como el regurgito
> De llagas viles e incurables en lenguas inocentes, -
> Mi amigo, no lo contarías con tanto entusiasmo
> A los hijos ardientes por alguna gloria desesperada,
> La vieja mentira: *Dulce et decorum est*
> *Pro patriamori.*

Puesto que la Gran Guerra ya no es parte de la memoria viviente y nadie está vivo para hablar de sus experiencias, las palabras de hombres como Wilfred Owen son cada vez más significativas. Mantienen vivo el recuerdo de la guerra y brindan una lección vital para las generaciones futuras. En esas 28 líneas, Owen da vida al horror y al sufrimiento de la Primera Guerra Mundial. Resume la importancia de la guerra y cómo destrozó la vida no solo de la gente sino también el tejido social del mundo y las creencias de honor y gloria de larga data. Para aquellos que regresaron del frente, y para aquellos que se habían quedado en el frente local, el mundo que una vez conocieron y que lucharon tanto por defender ya no existiría después de 1918.

La Primera Guerra Mundial fue uno de los conflictos más devastadores de nuestra historia. El total de muertos alcanzó un número que excedía cualquier anterior, y se estima que hubo alrededor de 37 millones de víctimas civiles y militares, con aproximadamente 10 millones de muertos militares. Algunos desaparecieron o fueron destrozados por proyectiles de mortero y fuego de artillería, y otros permanecen enterrados en algún campo olvidado de Europa lleno de adormideras. Independientemente de cómo la gente recuerde la Primera Guerra Mundial, y si tienen o no una visión romántica de la vida de un soldado en primera línea, es importante que el mundo nunca olvide este conflicto brutal y sangriento. En la Batalla del Somme, solo el ejército británico sufrió 54.470 bajas con 19.240 muertes en un solo día. Esa fue la magnitud de la tragedia que envolvió al mundo de 1914 a 1918, y se desarrolló principalmente en toda Europa, aunque también se extendería a Asia y África.

La Gran Guerra cambió la faz de Europa. A principios de 1914, el poderoso Imperio austrohúngaro era una fuerza a tener en cuenta, Rusia era una vasta monarquía difícil de manejar, gobernada durante 304 años por la dinastía de los Romanov, el Imperio Otomano aún podía inspirar cierto grado de respeto, Gran Bretaña era dueña de los mares y Alemania era el joven relativamente nuevo en el bloque, en busca de una oportunidad para flexionar sus músculos militares y cimentar un lugar en la historia.

La guerra de trincheras se convirtió en un sello distintivo de la guerra, ya que las tropas de ambos lados se empantanaron en el Frente Occidental y recurrieron a una guerra de desgaste, tratando de agotarse mutuamente y reducir la efectividad del enemigo a través de un ataque sostenido y prolongado en un intento por romper el punto muerto. La Primera Guerra Mundial fue una guerra que el mundo nunca había visto, y esto se debió en parte a la magnitud del conflicto, pero también a los cambios en la tecnología militar y las armas. A principios del siglo XX, la tecnología había cambiado drásticamente la naturaleza de la guerra, pero los comandantes militares de todo el mundo aún no habían comprendido las verdaderas implicancias y el impacto de estos cambios en el campo de batalla y la estrategia del combate. Cuando estalló la guerra, los ejércitos de ambos lados esperaban usar atrincheramientos para cubrirse del fuego enemigo y tomar posiciones desde las cuales proporcionar fuego de cobertura para la siguiente fase de un ataque. Los líderes militares nunca esperaron que los ejércitos permanecieran acorralados y que las trincheras se convirtieran en la característica principal del conflicto.

Los comandantes militares habían supuesto que los ataques de artillería podrían destruir las trincheras o al menos atrapar a las tropas el tiempo suficiente para permitir un ataque efectivo de infantería o caballería. Sin embargo, este no fue el caso, y en el Frente Occidental la guerra se ganaría y se perdería en las trincheras. Pero la victoria tuvo un alto costo, ya que el Frente Occidental pronto se convirtió en un punto muerto con grandes bajas de ambos bandos, pero sin que ninguno ganara terreno. La batalla de Verdún, la más larga y una de las más sangrientas batallas de la Primera Guerra Mundial, se prolongó durante casi un año sin que ninguna de las partes hiciera grandes progresos. Esa fue la naturaleza imprevista de la guerra de trincheras.

La guerra en el Frente Oriental fue mucho más fluida y móvil, aunque no menos brutal y terrible. Millones de personas murieron en el frente, no solo de sus heridas, sino por el frío, enfermedades, y falta de suministros. Rusia usó su ventaja numérica para hacer retroceder a los alemanes una y otra vez, pero al final, la devastadora pérdida de vidas y el sufrimiento del pueblo ruso puso fin al gobierno de la dinastía Romanov, pronunciando la sentencia de muerte del poderoso Imperio ruso, y dando origen al comunismo.

La Campaña de Gallipoli fue un desastre total para los Aliados, pero en ella alcanzaron la mayoría de edad las tropas del Anzac (del inglés Australian and New Zealand Army Corps Cuerpo, Ejército de Australia y Nueva Zelanda) que demostraron su tenacidad y coraje bajo el fuego enemigo. Pero más que eso, fue la hacedora de Mustafa Kemal Atatürk, el hombre que se convertiría en el padre de la Turquía moderna.

Al término de la Primera Guerra Mundial en noviembre de 1918, el mundo era un lugar muy diferente del que había sido apenas cuatro años antes, y las fronteras de Europa se estaban rediseñando. Los imperios ruso, otomano y austrohúngaro ya no existían, Alemania era sometida a una sumisión de la cual el mundo creía que no volvería a resurgir, y Francia y Gran Bretaña habían salido beneficiadas. Pero el tumulto y el caos que se produjo a raíz de la Primera Guerra Mundial tuvo consecuencias devastadoras y de gran alcance, no solo para Europa y los sobrevivientes de la guerra, sino para todo el mundo. Las ruinas de Europa proporcionaron un caldo de cultivo fértil para el nacionalismo feroz, lo que condujo al surgimiento del Tercer Reich y permitió que la perversidad de Adolf Hitler no fuera controlada durante mucho tiempo más.

Capítulo Uno - Los Disparos Fatales Que Prepararon el Escenario para la Guerra

El 28 de junio de 1914 es uno de los días más abominables de la historia mundial. Ese día, los disparos sonaron en una calle de Sarajevo y resonaron en todo el mundo. El asesinato del archiduque Francisco Fernando y su esposa, Sofía, duquesa de Hohenberg, desencadenó una reacción en cadena que provocó la Primera Guerra Mundial. Pero ¿cómo había llegado el mundo al punto en que un asesinato de una realeza impopular podría tener consecuencias tan devastadoras y de gran alcance?

El tema de la sucesión en el Imperio austrohúngaro era complicado. Cuando el único hijo del emperador Francisco José, Rudolfo, se suicidó, el archiduque Francisco Fernando, sobrino del emperador, se convirtió en heredero tanto del Imperio austrohúngaro como del trono de los Habsburgo. El emperador Francisco José no aprobaba a su sobrino ni su matrimonio con Sofía Chotek von Chotkova. Francisco José consideraba que Sofía era inferior en rango y nacimiento, ya que no descendía de ninguna dinastía europea gobernante. Hizo evidente su disgusto por su unión no asistiendo a la boda y excluyendo a cualquiera de los descendientes de Francisco Fernando y Sofía de la línea de sucesión. Puede que Francisco José no hubiera podido elegir a su heredero, pero podía usar su poder para impedir que los hijos de Francisco Fernando y Sofía heredaran el trono austrohúngaro.

Desafortunadamente, en ese momento la política en Austro-Hungría era tan complicada como la sucesión al trono. Europa central había estado en conflictos durante siglos, ya que los diversos países, imperios y principados competían por el poder. Cuando Austria anexara Bosnia-Herzegovina en 1908, muchos serbios no estaban satisfechos, y esto condujo a continuas tensiones y enfrentamientos entre los serbios y el Imperio austrohúngaro. Fue esta tensión continua la que finalmente llevó al asesinato de Francisco Fernando y Sofía a manos de un estudiante serbio bosnio llamado Gavrilo Princip.

Gavrilo Princip había dedicado su vida a proteger a Serbia, y vio la visita del archiduque Francisco Fernando como la oportunidad perfecta para hacer una manifestación política. Solicitó la ayuda de un pequeño grupo de partidarios y, con la ayuda de Mano Negra, una sociedad secreta serbia fundada a principios del siglo XX para promover la liberación de los serbios fuera de Serbia pudo adquirir pistolas, bombas y veneno para su grupo de fanáticos para llevar a cabo su misión suicida.

Francisco Fernando se encontraba en Sarajevo supervisando maniobras militares e inspeccionando tropas en la recién anexionada Bosnia-Herzegovina. Era su aniversario de bodas y, por lo tanto, Sofía, normalmente marginada, viajó con él a título oficial. Como parte de esta visita real, durante su estadía hubo numerosas ceremonias y celebraciones a las que asistieron el archiduque y su esposa. Desafortunadamente, el día que eligieron salir e inspeccionar las tropas no fue una fecha propicia, ya que también era el aniversario de la Primera Batalla de Kosovo, el día en que en 1389 el Imperio otomano aplastara la independencia serbia.

En ese fatídico día, la pareja real atravesaba Sarajevo en un auto descubierto con una mínima seguridad. Princip y su banda de aspirantes a asesinos se habían posicionado a intervalos regulares a lo largo de la ruta de la caravana y esperaban la oportunidad para actuar. Que hayan logrado llevar a cabo este asesinato es una sorpresa. Ciertamente no estaban entrenados para este tipo de operación y parecían más a una banda de fanáticos desafortunados que asesinos exitosos. Si su misión no hubiera tenido consecuencias tan devastadoras, casi podría verse como una comedia de errores. Uno de los asesinos no pudo sacar la bomba del bolsillo a tiempo para arrojarla a la caravana que pasaba, el otro logró lanzar la bomba, pero rebotó en el techo abatible del automóvil y explotó contra el volante de otro vehículo sin provocar mayores daños o lesiones. Uno de los otros asesinos se ubicó demasiado cerca de un policía como para intentar un ataque, otro tuvo dudas y el último miembro del grupo se escapó. ¿Y en cuanto a Princip? Nunca estuvo en condiciones de disparar y pensó que habían perdido su oportunidad.

Pero la suerte o el destino resultaron estar del lado de Princip, y por un cruel giro del destino, sus caminos finalmente se cruzarían ese día. Después de las visitas oficiales, Francisco Fernando decidió ir al hospital para visitar a los hombres que habían sufrido heridas leves en el ataque con las bombas. En el camino al hospital, hubo cierta discrepancia entre Francisco Fernando y su chofer en cuanto a el camino a tomar. Cundo el chofer detuvo el vehículo para decidir la mejor ruta, Princip se encontró en la posición perfecta para acertarle a su objetivo. Pudo sacar la pistola y disparar a quemarropa tanto al archiduque Francisco Fernando como a Sofía. Los dos disparos dieron en el blanco y, en menos de media hora, el archiduque y su esposa habían sucumbido a las heridas. Princip había planeado el asesinato como una misión suicida, por lo cual, tan pronto como le disparó a Francisco Fernando y a Sofía, giró la pistola hacia sí mismo, pero la multitud le impidió que se quitara la vida. Después bebió el veneno que le había proporcionado la Mano Negra, pero solo hizo que vomitara. Fue arrestado inmediatamente por la policía, pero como era demasiado joven para que le dieran la pena de muerte, fue sentenciado a un máximo de veinte años en prisión, donde moriría de tuberculosis.

Uno debe preguntarse ¿si Princip hubiera continuado con su mal concebido plan, si hubiera sabido que su acto de patriotismo tendría consecuencias tan sangrientas y de largo alcance, o tal vez sus sentimientos nacionalistas fueran tan fuertes que nada se hubiera interpuesto en su camino? ¿O habría encontrado validación en el hecho que al final de la Primera Guerra Mundial, el Imperio austrohúngaro se había derrumbado y había surgido un nuevo orden mundial? Las respuestas a estas preguntas nunca se conocerán, pero las trágicas consecuencias de lo que se puede describir como una cadena de eventos coincidentes, y casi increíbles, permanecen. En lugar de ser una onda menor en la historia, el asesinato del impopular archiduque Francisco Fernando fue solo el comienzo de una edad terrible y sangrienta, cuyas consecuencias aún se pueden sentir hoy, más de 100 años después de que sonaran esos fatales disparos.

Visto el hecho, nadie hubiera predicho que el asesinato del archiduque Francisco Fernando sería un evento que cambiaría al mundo. Si bien ninguno de los líderes mundiales estaba demasiado perturbado por la muerte prematura de Francisco Fernando, desencadenó una cadena de eventos que condujo a la movilización de casi todos los ejércitos de Europa, incluidos, Austria-Hungría, Serbia, Rusia, Francia, el Imperio otomano y Alemania. A primera vista, las consecuencias del asesinato parecen extremas, pero si uno mira un poco más profundamente, verá que el Imperio austrohúngaro estaba ansioso por pelear y solo buscaba una excusa para atacar a Serbia. Al intentar asestar un golpe por Serbia, Princip y su desventurada banda de asesinos jugaron en favor del imperio.

Acto seguido, el gobierno austriaco culpó a Serbia, su conflictivo vecino, por el asesinato de su archiduque. Sin embargo, en lugar de tomar medidas de inmediato, Austria-Hungría primero se aseguró de contar con el apoyo de su vecino más poderoso, Alemania, y solo un mes después del asesinato, el 28 de julio de 1914, declaró la guerra a Serbia. Serbia, reconociendo la amenaza que Austro-Hungría representaba para su independencia, no había estado inactiva durante un mes; ellos también habían estado reuniendo apoyo y preparándose para el conflicto. Para cuando el Imperio austrohúngaro declarara la guerra, Serbia había utilizado un tratado que celebraran con Rusia para asegurarse de contar con el apoyo de ese vasto imperio a su puerta. Cuando Serbia pidió apoyo a Rusia, Rusia invocó sus tratados con Francia y Gran Bretaña. Esto significaba que para cuando Austria-Hungría declarara la guerra a Serbia, el conflicto ya no era entre dos vecinos contrariados. A los pocos días de que Austria declarara la guerra a Serbia, los acontecimientos se precipitaron rápidamente a medida que varias alianzas entraron en juego, los gobiernos comenzaron a elegir bandos y los países se movilizaron para la guerra.

Toda la situación se había descontrolado y puso a dos grandes facciones en Europa en pie de guerra. Por un lado, estaban Serbia y los Aliados, a saber, Francia, Gran Bretaña y Rusia, y, por otro lado, Alemania y Austria-Hungría, conocidas como las Potencias Centrales. Más tarde, muchos otros países se unirían a la guerra por varias razones, pero independientemente de lo que se avecinaba, antes del 28 de julio de 1914, la guerra a gran escala en Europa era inevitable.

Cronología de los Primeros Países que Ingresaron a la Guerra en 1914

28 de julio de 1914: El Imperio austrohúngaro declara la guerra a Serbia

>Alemania inmediatamente se alía con el Imperio austrohúngaro y declara la guerra a Serbia.

>Rusia, de acuerdo con su alianza con Serbia, el 29 de julio comienza a movilizarse para la guerra.

1 de agosto: Alemania declara la guerra a Rusia

>Francia se ve obligada a movilizarse de acuerdo con su tratado con Rusia

>3 de agosto: Alemania declara la guerra a Francia, y las tropas alemanas ingresan en la Bélgica neutral

>El canciller británico, Sir Edward Gray, envía un ultimátum a Alemania para que retire sus tropas de Bélgica

4 de agosto: Alemania se niega a retirarse de Bélgica

>Gran Bretaña declara la guerra a Alemania

>2 -3 de agosto: Japón, de acuerdo con una alianza firmada con Gran Bretaña en 1902, declara la guerra a Alemania.

>29 de octubre: El Imperio otomano (hoy la moderna Turquía) entra en la guerra del lado de las potencias centrales y ayuda a Alemania en un bombardeo naval a Rusia.

>2 de noviembre: Rusia declara la guerra al Imperio otomano

5 de noviembre: Gran Bretaña y Francia declaran la guerra al Imperio otomano

Y así, el escenario estaba preparado para uno de los conflictos más grandes que haya visto el mundo.

Capítulo Dos - El Frente Occidental y la Primera Batalla del Marne

Cuando estalló la guerra, Alemania quedó literalmente atrapada en el medio, obligada a librar una guerra en dos frentes. Con Rusia al este y Francia al oeste, Alemania no tuvo más remedio que dividir su poder de fuego y enviar sus tropas y recursos en dos direcciones opuestas, dejándolas en una posición debilitada. Pero los alemanes se habían preparado para dicha eventualidad y siguiendo los lineamientos del Plan Schlieffen,[1] que identificaba a Francia como la mayor amenaza, movilizaron su fuerza principal hacia el oeste y marcharon hacia París mientras enviaban una fuerza más pequeña al este.

El comando militar alemán reconoció que la única forma de salir victorioso era actuar rápidamente y eliminar a Francia de la guerra antes

---

[1] *El Plan Schlieffen fue elaborado a principios del siglo XX por Alfred Graf von Schlieffen, jefe del Estado Mayor alemán desde 1891 hasta 1905. El plan fue desarrollado para enfrentar rápida y efectivamente una guerra de dos frentes. El éxito del Plan Schlieffen exigía una rápida resolución militar en el Frente Occidental para que Alemania pudiera centrar su atención en Rusia antes de que la poderosa máquina de guerra rusa tuviera tiempo de movilizarse por completo. Esta premisa se basaba en la creencia de que los rusos tardarían al menos seis semanas en estar en condiciones de atacar a Alemania. Esto significaba que, en caso de una guerra en dos frentes, Alemania inicialmente solo necesitaría ubicar un número nominal de tropas en el Frente Oriental y luego podría usar la mayor parte de su ejército y suministros para lanzar un ataque rápido por Bélgica en el Oeste. A principios del siglo XX, Francia había fortificado fuertemente su frontera con Alemania, y los alemanes sabían que un ataque directo llevaría meses. Por lo tanto, Schlieffen abogaba por evitar estas fortificaciones e invadir Francia a través de una rápida marcha por la neutral Bélgica. Schlieffen confiaba tanto en la fortaleza de su plan que calculó que tardaría solo 42 días en completarse, y cuando Alemania se enfrentó a una guerra en dos frentes, pusieron en marcha el Plan Schlieffen.*

de centrar toda su atención en Rusia. Sin embargo, la frontera francoalemana estaba demasiado fortificada y bien defendida para lanzar el ataque relámpago que los alemanes necesitaban para neutralizar a Francia. Con ese fin, el Plan Schlieffen exigía un ataque a través de la Bélgica neutral. La consecuencia involuntaria, pero posiblemente no anticipada, de esta medida fue hacer que Inglaterra entrara en la guerra.

Según lo planeado, el avance alemán a través de Bélgica fue rápido y se encontró con poca resistencia. Sin embargo, los franceses lograron desafiar a los alemanes y frenarlos en la frontera de Bélgica en la batalla de las Fronteras. Este combate se compuso de cinco batallas, entre los 2º, 3º, 4º, 5º, 6º y 7º ejércitos alemanes, los 1º, 2º, 3º, 4º y 5º ejércitos franceses, y la Fuerza Expedicionaria Británica (FEB) libradas en Lorena, las Ardenas, Charleroi y Mons, durante los primeros meses de la guerra.

Los alemanes que avanzaban destruyeron rápidamente las fuerzas francesas en Lorena el 20 de agosto. Este encuentro fue seguido por las sangrientas batallas de Ardenas y Charleroi que se libraron del 21 al 23 de agosto, donde murieron aproximadamente 27.000 soldados franceses. El 23 de agosto, la Fuerza Expedicionaria Británica, que se suponía que debía apoyar al 5º Ejército francés, se vio imposibilitada de ayudar a sus aliados, ya que tuvieron que pelear su propia batalla en Mons. Para empeorar las cosas, las carreteras estaban llenas de refugiados belgas, y pronto el ejército francés se derrumbó todo a lo largo de la línea desde Lorena hasta el Mosa.

El general Lanrezac, comandante del 5º ejército francés, al darse cuenta de que sus hombres estaban siendo empujados a sus límites, ordenó una retirada general. Creía que la retirada era preferible a la destrucción total del 5º Ejército, ya que, en su opinión, esta sería una catástrofe para Francia. Según los informes, le dijo a uno de sus oficiales: "Hemos sido vencidos pero el mal es reparable. Mientras viva el 5º Ejército, Francia no está perdida". La batalla de las Fronteras fue un fracaso costoso para Francia, y se estimó que el número total de bajas fue de 260.000, de las cuales 140.000 se produjeron solo en los últimos cuatro días, pero el 5º ejército francés sobrevivió para luchar otro día.

Los aliados no pudieron detener el ataque alemán en su frontera, y el ejército invasor rompió las defensas francesas y continuó marchando hacia París. Con el avance constante de los alemanes, París ahora se preparaba para la batalla, y el 2 de septiembre, el gobierno francés fue evacuado a Burdeos, dejando al general Gallieni a cargo de la defensa de la ciudad. Se ordenó al primero y segundo ejército alemán que se acercaran a París como una unidad, pero el primer ejército, bajo el mando del general von Kluck, en cambio eligió perseguir al quinto ejército francés en retirada. Este resultó ser un mal movimiento, ya que creó una brecha entre los dos ejércitos alemanes y expuso el flanco derecho del primer ejército alemán, haciéndolo susceptible a un contraataque francés.

Los franceses sabían que, si estaban bajo ataque directo, París no podría resistir por mucho tiempo a los alemanes, y cuando el general Gallieni recibió la noticia de que Kluck estaba persiguiendo al 5º ejército francés, instó a sus comandantes a lanzar un ataque sorpresa contra los alemanes antes de que pudieran llegar a París. Afortunadamente, Gallieni contaba con el apoyo del general francés José Joffre, quien pensaba lo mismo y sentía que la oportunidad de un contraataque era demasiado buena como para desecharla. Este fue un plan sorprendente y ambicioso. A todos los efectos, el ejército alemán hizo huir a los franceses, pero las tropas de ambos bandos quedaron exhaustas por la larga y rápida marcha hacia el sur de la frontera con Bélgica. Sin embargo, los franceses tenían la ventaja de estar más cerca de París y de nuevos suministros, mientras que las líneas de abastecimiento alemanas se estaban demorando y se alargaban más.

El 6 de septiembre de 1914, comenzó la primera batalla del Marne. El 6° ejército francés, bajo el mando del general Michel Maunoury, atacó al 1er ejército alemán que se movió rápidamente hacia el sur en busca del 5° ejército francés. Cuando fueron atacados, el 1er Ejército alemán se movió hacia el oeste para enfrentar a sus atacantes, aumentando la brecha entre ellos y el cuerpo principal del ejército alemán. Al principio, pareció que el ambicioso plan de Gallieni había fallado y que la batalla se inclinaría del lado de los alemanes. El ejército francés estaba al borde de la derrota cuando recibieron oportunos refuerzos de 6.000 soldados de los regimientos 103 y 104 estacionados en París.

Lo que hizo asombrosa la llegada de estas tropas a la batalla del Marne fue su modo de transporte. Al principio, parecía no haber forma de llevar los refuerzos tan necesarios a las líneas del frente a tiempo como para influir en el resultado de la batalla, pero el general Gallieni era un hombre inspirado y usó taxis parisinos para transportar a las tropas al Marne. Este fue el primer caso de una guerra en la historia en que se transportaran tropas en automóviles. Los "Taxis del Marne" eran taxis de la Renault que los agentes de policía, bajo las órdenes del general Gallieni, requisaron en las calles de París. Los 630 taxis desempeñaron un papel vital para evitar que París cayera en manos enemigas e ilustran hasta qué punto los franceses estaban dispuestos a llegar para proteger su capital. La rápida llegada de las tropas permitió a los franceses e ingleses frenar al ejército alemán, mantenerlo fuera de París y hacerle perder cualquier esperanza que tuviera de una rápida victoria en el Frente Occidental

Mientras el 6º ejército francés luchaba contra el 1er ejército alemán, el 5º ejército francés, ahora bajo el mando del general Louis Franchet d'Espèrey y las tropas británicas dirigidas por el mariscal de campo John French penetraron en la brecha de las fuerzas alemanas divididas y atacaron al 2o Ejército. Esta iniciativa de los franceses tomó por sorpresa a los alemanes y la confusión entre sus filas permitió a los Aliados detener el ataque alemán.

La batalla del Marne fue una victoria para los franceses, ya que lograron detener el avance alemán en París, pero fue una situación muy reñida y sangrienta. Las bajas se estimaron en 250.000 de cada lado. Aunque esta batalla se libró al comienzo de la guerra, fue un evento muy significativo y una de las batallas decisivas de la Primera Guerra Mundial. Al detener el ataque alemán y expulsarlos de París, los aliados invalidaron el Plan Schlieffen, asegurando que la guerra continuaría por otros cuatro años. Una guerra que muchos pensaron que terminaría en la Navidad de 1914 ahora estaba destinada a continuar, provocando una miseria incalculable y, en última instancia, desempeñando un papel fundamental en el surgimiento del Tercer Reich y el estallido de la Segunda Guerra Mundial.

Capítulo Tres – La Guerra en las Trincheras

La guerra de trincheras, que se ha convertido en sinónimo de la Primera Guerra Mundial, comenzó en la primera batalla del Marne. A principios del siglo XX, la tecnología había cambiado drásticamente la naturaleza de la guerra, pero las fuerzas armadas aún no habían comprendido las verdaderas implicaciones de esta. Los líderes militares esperaban usar los atrincheramientos como cobertura y posiciones desde las cuales lanzar un ataque. Nunca anticiparon que sus ejércitos se estancarían en las trincheras y que se enfrentarían a un nuevo tipo de guerra terrestre que rápidamente se convertiría en el principal sello distintivo del conflicto en el Frente Occidental.

El 9 de septiembre de 1914, el avance alemán en el frente occidental había sido detenido por los franceses, y los alemanes se habían retirado a la frontera del río Aisne, donde comenzaron a reagruparse. Fue aquí, en uno de sus últimos actos como Jefe del Estado Mayor alemán, donde Helmuth von Moltke diera una de las órdenes más importantes de la guerra. Ordenó a las tropas alemanas que comenzaran a cavar las primeras trincheras de la Primera Guerra Mundial. Si bien este proceso tardó casi dos meses en completarse, solo pretendía ser una medida temporal contra las represalias francesas. Pero, en efecto, la orden de von Moltke cambió las tácticas del campo de batalla para siempre, se habían ido los días de la guerra abierta, ya que ambos bandos se acurrucaron y permanecieron en sus trincheras durante la guerra en el Frente Occidental.

En un principio, las trincheras tenían la intención de no ser más que refugios temporales y construcciones simples diseñadas para estar repletas de hombres que luchan hombro con hombro, pero a medida que la guerra se prolongara todos se dieron cuenta de que la guerra de trincheras se había convertido en una parte integral del plan de batalla, la arquitectura de las trincheras se hizo más importante y elaborada. En poco tiempo, un laberinto de comunicaciones complejas y trincheras de suministro se extendían hasta las líneas del frente y se conectaban a las trincheras de batalla, ya que ambos lados construyeron un elaborado sistema de corredores zigzagueantes en la primera línea, túneles, travesías, recintos de tiro y refugios. Las fuerzas del Anzac estacionadas en Gallipoli llegaron al extremo de traer ingenieros, que habían perfeccionado sus conocimientos en minas de oro, para ayudar a diseñar y construir sus trincheras.

Una trinchera bien diseñada tenía al menos 8 pies (2.5 metros) de profundidad para que los hombres pudieran caminar erguidos y aun así estar protegidos del fuego enemigo. La tierra inclinada en la parte superior de la trinchera que enfrentaba al enemigo se llamaba parapeto y tenía un escalón de fuego, donde las tropas podían pararse para ver desde las trincheras y disparar contra el enemigo. Para ver por encima del parapeto, sin exponerse al fuego enemigo, las tropas usaban un periscopio de trinchera, a menudo nada más que un palo con dos espejos en ángulo en la parte superior e inferior. Algunos soldados tenían fusiles con periscopio que le permitían atacar al enemigo sin exponerse al fuego. El borde posterior de la trinchera se llamaba parados y protegía las espaldas de los soldados de los proyectiles que caían detrás de las trincheras. El piso de la trinchera generalmente estaba cubierto por enrejados de madera, y en diseños posteriores, el piso se elevaba sobre un marco de madera para permitirleel drenaje. Las trincheras se protegieron aún más del asalto con alambre de púas, minas, redes, pozos camuflados y otros obstáculos. Los refugios se construyeron a prueba de proyectiles y para resistir tanto al bombardeo de artillería como a los ataques de infantería.

El terreno que separaba las trincheras de dos ejércitos opuestos se conocía como tierra de nadie. En el campo de batalla, este podía ser de 100 a 300 yardas (90 a 275 metros), pero todo dependía del terreno y las condiciones de combate. En la Cresta de Vimy, las trincheras estaban tan cerca como 30 yardas (25 metros), y en las estrechas crestas cerca de Chunuk Bair durante la Campaña de Gallipoli, las tropas del Anzac y otomana estaban separadas por solo 16 yardas (15 metros), lo suficientemente cerca como para lanzar granadas y bombas a las trincheras de cada uno. La guerra de trincheras incluso se observó en regiones montañosas como los Alpes, donde las trincheras se extendían profundamente en las montañas y en laderas verticales a alturas de 12.800 pies (3.900 metros) sobre el nivel del mar.

La vida en las trincheras era en el mejor de los casos desagradable, pero sobre todo era francamente horrenda. En la Cala de Anzac, en la península de Gallipoli, los combates fueron particularmente intensos con numerosas bajas en ambos bandos. En el calor del verano, las condiciones en las trincheras se deterioraron rápidamente y se volvieron terribles. La comida se echaba a perder rápidamente, las enfermedades se generalizaron y grandes enjambres de moscas de cuerpos negros cubrían todo mientras los cuerpos de los soldados muertos en batalla se acumulaban en las trincheras y barrancos, permaneciendo allí durante semanas, sin enterrar y pudriéndose.

En el Frente Occidental, la guerra se convirtió en una lucha entre ejércitos de igual potencia y rápidamente se convirtió en una batalla de desgaste. Como las trincheras continuas no tenían flancos abiertos que pudieran ser atacados, un gran número de tropas fueron enviadas por la parte superior y rápidamente fueron eliminadas por la artillería y el fuego de ametralladoras. A menudo era imposible retirar los cuerpos o rescatar a los heridos de la tierra de nadie, y miles de soldados heridos se quedaron tumbados al sol ardiente o con el barro congelado durante días, gritando de dolor y suplicando agua hasta que finalmente morían donde yacían. Finalmente, la guerra la ganaría el bando que pudo comprometerse a sacrificar el mayor número de hombres en el Frente Occidental.

El artista británico, Paul Nash, describió su experiencia en el frente occidental en una carta a su esposa;

> *Acabo de regresar anoche, de una visita a la Sede de la Bda ([Brigada]), y no la olvidaré mientras viva. He visto la pesadilla más espantosa de un país, más concebido por Dante o Poe, indescriptible, completamente indescriptible ... pero solo haber estado en él puede hacerte sensible a su naturaleza terrible y a la que los hombres en Francia tienen que enfrentarse ... El mal y el demonio encarnados solo pueden ser los maestros de ceremonias en esta guerra; no se ve ni un destello de la mano de Dios. El atardecer y el amanecer son blasfemos, son burlas para el hombre; solo la lluvia negra de las nubes magulladas e hinchadas sobre el negro amargo de la noche es la atmósfera adecuada en esa tierra. La lluvia continúa; el lodo se vuelve más malvadamente amarillo, los agujeros de las balas se llenan de agua blanca y verde, los caminos y las pistas están cubiertos de pulgadas de limo, los árboles negros que se están muriendo rezuman y sudan y las balas nunca cesan. Silban y caen por encima de la cabeza,*

arrancan los troncos de los árboles podridos, rompen los caminos de tablones, derriban caballos y mulas; aniquilando, mutilando, enloqueciendo; se sumergen en la tumba que es esta tierra; una gran tumba y arrojan a los pobres muertos. Oh, es indescriptible, sin Dios, sin esperanza. [2]

---

[2]Carroll, Andrew; *Detrás de Las Líneas, Cartas Reveladoras y sin Censura de Nuestro Mundo Devastado por la Guerra*, p 117.

Capítulo Cuatro - El Frente Oriental y la Batalla de Tannenberg

La Primera Guerra Mundial se libró en dos frentes, el Frente Occidental y el Frente Oriental. Los combates en el frente oriental se extendían desde el Mar Negro en el sur hasta el Mar Báltico en el norte. Esta era la línea divisoria entre el Imperio ruso y Rumania por un lado y el Imperio austrohúngaro, Bulgaria, y Alemania por el otro. Las batallas libradas en el frente oriental fueron tan sangrientas y devastadoras como nada que se haya experimentado en el Frente Occidental.

Sin embargo, a diferencia del Frente Occidental, la guerra en el Frente Oriental no se estancaría en las trincheras y seguiría siendo una guerra fluida y móvil. La vasta área cubierta por el Frente Oriental significaba que el terreno y las condiciones de combate variaban considerablemente, pero en su mayor parte, eran horrendas y físicamente agotadoras. Donde el terreno era relativamente plano, los grandes ejércitos podían moverse hacia el este y el oeste con relativa facilidad, y en los primeros cinco meses, mientras la batalla se libraba ferozmente entre Alemania y Rusia, las tropas alemanas en el Frente Oriental marchaban desde la frontera de Polonia hasta las afueras de Varsovia y de vuelta dos veces. Las tropas austrohúngaras que invadieron Serbia capturaron Belgrado solo para verse obligadas a retirarse nuevamente a la frontera.

En la Primera Guerra Mundial, al igual que pasara con la invasión de Rusia por Napoleón unos 100 años antes, el clima, la geografía y la infraestructura subdesarrollada de la región jugarían un papel crucial en la configuración del conflicto en el Frente Oriental. Los crudos inviernos y las largas e inadecuadas líneas de suministro han sido el obstáculo de muchos ejércitos invasores en esta región durante siglos, y en las primeras etapas de la Primera Guerra Mundial, no fue diferente. No obstante, en Lituania, las tropas tuvieron que lidiar con pantanos lodosos, arrastrando cañones y artillería pesada a través del barro. En Polonia, las condiciones no fueron mejores; primero, los ejércitos marcharon por todo el país con el calor y el polvo de fines del verano y luego nuevamente bajo la lluvia torrencial y el barro del otoño y finalmente, y fatalmente para muchos, a través de la nieve profunda del invierno.

La primera batalla importante en el Frente Oriental, y una de las primeras grandes batallas de la guerra, fue la Batalla de Tannenberg en agosto de 1914 entre los 206.000 efectivos del 2º Ejército ruso y las 170.000 tropas del 8º Ejército alemán. Cuando Rusia entró en la guerra del lado de Serbia, arrastrando a Francia junto con ellos, Alemania puso en marcha el Plan Schlieffen. Cuando Francia fue atacada de inmediato, el zar Nicolás de Rusia, quien al estallar la guerra comandaba un ejército de aproximadamente 1.3 millones de hombres, acordó lanzar una ofensiva en Prusia Oriental, una provincia alemana.

A las dos semanas de estallar la guerra, los rusos estaban organizando un ataque doble contra Alemania y el Imperio austrohúngaro. El plan requería que los ejércitos rusos primero y segundo avanzaran sobre el octavo ejército alemán superado en número y los aplastara por dos lados, con el objetivo de invadir Prusia Oriental y alejar a las fuerzas alemanas del Frente Occidental. Como los alemanes habían subestimado enormemente el tiempo que le tomaría a Rusia volverse en una amenaza, la defensa del Frente Oriental quedó en manos del anciano general Maximiliano von Prittwitz y un ejército de aproximadamente 170.000 soldados. Esto también significaba que la mayor parte del equipo de combate alemán marchaba hacia París, y los Aliados sabían que era crucial abrir la guerra en el Frente Oriental para tener alguna esperanza de lograr la victoria.

El ambicioso ataque a Prusia Oriental requería que el 1er Ejército avanzara desde el este mientras el 2° Ejército atacaba desde el sur, cortando efectivamente al 8° Ejército alemán desde la retaguardia. Pero a pesar de que Rusia atacó en dos semanas, Schlieffen no se había equivocado en sus estimaciones, y en su apuro, la invasión de Prusia Oriental tuvo lugar antes de que Rusia estuviera completamente preparada para la guerra. Este ataque en sí mismo no era una mala estrategia, y, de hecho, el plan de batalla era bueno, pero desafortunadamente su ejecución no lo fue.

Para que la campaña rusa tuviera éxito, debía tener un grado de movilidad y agilidad que el ejército ruso simplemente no poseía. La concepción del plan era sólida, pero fue derribada por las fallas fundamentales del liderazgo incompetente, la falta de preparación y la mala infraestructura de carreteras y ferrocarriles. El último movimiento que hicieron los rusos se convirtió en su ruina. Rusia había dejado deliberadamente las carreteras y ferrocarriles en la Polonia ocupada por Rusia en un malísimo estado pobre para proporcionar un amortiguador entre ellos y Alemania y para garantizar que un ataque alemán se viera seriamente obstaculizado por la falta de infraestructura de transporte. En última instancia, esta estrategia actuaría en su contra, y fueron las líneas de suministro rusas las que se vieron obstaculizadas por la falta de infraestructura confiable de carreteras y ferrocarriles. Para empeorar las cosas, las líneas ferroviarias entre los dos territorios también tuvieron que rehacerse porque el ancho de las vías, o el espaciamiento de los rieles, diferían entre los de Rusia y los de Prusia. Este fue un trabajo laborioso y lento que desaceleró las líneas de suministro vitales rusas. En la Primera Guerra Mundial, el transporte ferroviario confiable era crítico para el éxito en el campo de batalla, y ningún ejército podía operar de manera efectiva una vez que avanzaran demasiado lejos de sus cabeceras ferroviarias.

El 17 de agosto, el ejército ruso cruzó la frontera oriental de Prusia Oriental, y los disparos iniciales de la guerra en el Frente Oriental se lanzaron en la Batalla de Stalluponen (actual Lituania). Aquí, el 1er Cuerpo alemán, una división del 8° ejército bajo el mando del general Hermann von Francois, se enfrentó al 1er ejército ruso, bajo el mando del general Rennenkampf. Un ataque frontal agresivo de Francois hizo que los rusos regresaran a su frontera, pero el general von Prittwitz, comandante general del 8º Ejército, creía que esta estrategia era demasiado peligrosa, ya que los alemanes eran superados en número. En consecuencia, ordenó a Francois suspender su ataque antes de poder capitalizar su inesperada victoria. Cuando las tropas alemanas se retiraron a Gumbinnen, Rennenkampf reanudó su lento avance hacia Prusia Oriental. Von Prittwitz lanzó una ofensiva contra el 1er ejército ruso el 20 de agosto. En ese momento, la batalla estaba a favor de los rusos y derrotaron a 8 divisiones del 8° ejército alemán. Mientras tanto, el 2º Ejército ruso, liderado por el general Samsonov, avanzaba sin pausa hacia suroeste. Pero los dos ejércitos rusos aún estaban separados por los lagos de Masuria, y esto resultó ser un fallo fatal para su plan.

Llevar a cabo con éxito un ataque en dos frentes depende en gran medida de la buena comunicación y comprensión entre los comandantes de los dos ejércitos, y esta ciertamente no existía en las filas rusas. Samsonov y Rennenkampf, quienes sentían un profundo desagrado mutuo, tenían una relación tensa, por decirlo suavemente, se negaron a encontrarse o incluso hablar entre ellos, y esta falta de comunicación y coordinación socavaron cualquier ventaja numérica que tuvieran.

Esta falta de liderazgo y coordinación se hizo evidente desde el comienzo de la campaña. Mientras Rennenkampf vencía al 8º Ejército en Gumbinnen, Samsonov estaba bajo una enorme presión para avanzar sobre el XX Cuerpo de Freidrich von Scholtz, dejando a sus tropas agotadas y hambrientas, y su línea de suministros en completo desorden. Sin embargo, en ese momento a los alemanes no les iba mucho mejor. El general von Prittwitz, temiendo que sus fuerzas fueran atacadas desde la retaguardia y se les cortara la línea de retirada, se reunió con sus comandantes, incluidos el general Paul Grunert, el teniente coronel Max Hoffmann, el general George Friedrich Wilhelm y el Graf von Waldersee, para discutir su estrategia. Von Prittwitz quería retirarse detrás del río Vístula, pero Grunert y Hoffmann no apoyaron este plan y sugirieron un contraataque. Después de mucho discutir, se tomó la decisión de lanzar un asalto contra el flanco occidental de Samsonov.

En ese momento, sucedieron varias cosas que influyeron en el resultado de la batalla. En primer lugar, el general von Prittwitz fue reemplazado por el general Paul von Hindenburg como comandante del 8º Ejército. En segundo lugar, los rusos se descuidaron mucho con sus comunicaciones, y los alemanes interceptaron mensajes rusos sin codificar, incluido uno que indicaba que Rennenkampf no tenía prisa por avanzar. Esto le dio al jefe de gabinete de Von Hindenburg, Erich Ludendorff, tiempo para refinar el plan de Hoffmann y concentrar seis divisiones contra el flanco izquierdo de Samsonov en lugar de los tres originales. Luego también tomaría un riesgo calculado, basado en parte en el hecho de que Rennenkampf no estaba listo para atacar, y retiró al resto de sus tropas de Gumbinnen y las posicionó para atacar el flanco derecho de Samsonov. Usando trenes para movilizar rápida y eficientemente sus tropas, los alemanes pudieron rodear a las fuerzas de Samsonov antes de que se diera cuenta de lo que estaba sucediendo.

El 26 de agosto, las fuerzas de Samsonov se extendían a lo largo de un frente de 60 millas a medida que avanzaban sobre el 8º Ejército alemán y fue entonces cuando Ludendorff ordenó a sus seis divisiones atacar desde el flanco izquierdo. Las fuerzas rusas fueron sorprendidas por completo, y al anochecer el 29 de agosto, después de tres días de implacables ataques de la artillería alemana, los rusos fueron rodeados y Samsonov ordenó la retirada, pero las tropas alemanas cortaron el escape ruso y pronto el 2º Ejército, se encontró en completo desorden. Miles fueron asesinados en el campo de batalla, o se rindieron y fueron hechos prisioneros. A fines de agosto de 1914, los alemanes habían diezmado al 2º Ejército ruso, y ante la abrumadora derrota, el 30 de agosto, Samsonov caminó hasta un bosque y se suicidó.

Una vez que los alemanes habían dado cuenta del 2º Ejército y recibieron refuerzos del Frente Occidental, centraron su atención en el lento avance del 1ᵉʳ Ejército de Rennenkampf y los expulsaron de Prusia Oriental. La primera gran batalla en el Frente Oriental fue un éxito rotundo para el ejército alemán ampliamente superado en número y trajo considerable prestigio a von Hindenburg y Ludendorff, quienes continuarían formando un legendario dúo y planearían y ejecutarían con éxito muchas más campañas militares. Sin embargo, la victoria para los alemanes se debió tanto a los errores cometidos por los generales rusos y al apoyo logístico inadecuado que recibieron como a la estrategia militar de von Hindenburg y Ludendorff.

Los acontecimientos que llevaron a la derrota rusa en Tannenberg se debieron a que se pusieron en marcha mucho antes de que se disparara un solo tiro en el campo de batalla. Rusia es un país vasto con una gran población que podría contribuir con muchos hombres aptos para el esfuerzo de guerra, pero al comienzo de la Primera Guerra Mundial, tenían un pesado ejército y difícil de manejar que se vio muy obstaculizado por la política interna y la mala planificación.

Un ejército es tan efectivo como los son sus líneas de suministro, y sin un acceso confiable a municiones, alimentos y otros elementos esenciales, incluso la fuerza de combate más poderosa se puede poner de rodillas. Mantener en movimiento la gran máquina de guerra rusa requería una planificación cuidadosa y una precisión logística. Cuando el comandante ruso, general Yakov Zhilinsky, firmó un acuerdo con Francia por el que se comprometía al despliegue de ochocientos mil soldados rusos en el campo dentro de las dos semanas posteriores a la movilización, desempeñó un papel fundamental en la derrota rusa en la batalla de Tannenberg. El compromiso de ese número de tropas en tan poco tiempo abrumaría a la pesada maquinaria de guerra rusa que no estaba diseñada para moverse rápidamente. Puso bajo una gran presión en toda la operación militar y significó que muchas decisiones del comando se tomaran con prisa y bajo presión sin toda la información necesaria para implementar un plan bien concebido.

La batalla de Tannenberg fue una derrota aplastante para los rusos, y para fines de agosto de 1914, su ambicioso plan para invadir Prusia Oriental estaba hecho jirones. El 2º Ejército fue prácticamente aniquilado, el ejército ruso sufrió al menos 120.000 víctimas de los cuales 92.000 fueron hechos prisioneros, y una gran cantidad de equipo militar había sido sacrificado en el campo de batalla por casi nada. Para empeorar las cosas, el comando ruso no estaba preparado para la escala de la batalla, y lamentablemente nadie había anticipado la gran cantidad de bajas que necesitarían ser evacuadas del campo de batalla y transportadas a hospitales. Como resultado, muchos de los heridos y moribundos se quedaron sufriendo durante días, o incluso semanas, con poca o ninguna atención médica.

La batalla de Tannenberg duró cuatro días, del 26 al 30 de agosto de 1914, y fue un éxito rotundo para los alemanes, demostrando que en la guerra moderna una fuerza más pequeña podría derrotar a un ejército mucho más grande en el campo de batalla con tácticas militares sensatas. Demostró la importancia del apoyo logístico y las comunicaciones seguras y demostró que, independientemente del tamaño del ejército, sin un liderazgo competente victoria era imposible. La guerra ya no era un juego de números, y el bando con más tropas no necesariamente saldría victorioso. Desafortunadamente para los rusos, esta batalla puso en evidencia su poder militar en decadencia, y marcó el tono de toda su participación en la Primera Guerra Mundial.

Y no fue solo en los campos de batalla de Prusia Oriental donde sufriría el puebo. Nadie había anticipado la escala de pérdidas y destrucción que la Gran Guerra traería a Europa. En el Frente Oriental, hubo bajas civiles generalizadas cuando el Imperio austrohúngaro intentó aplastar a Serbia. Su primera invasión terminó en una humillante retirada, pero en la segunda ofensiva, el ejército austrohúngaro logró capturar Belgrado antes de verse nuevamente obligado a retirarse. En última instancia, los serbios resultaron triunfantes, pero la victoria se produjo con un alto costo para Serbia que fue devastada por los constantes combates, y cuando llegó el invierno, las enfermedades se extendieron por todo el país y murieron decenas de miles de soldados y civiles.

El único aspecto brillante para los Aliados, del resultado sombrío de la batalla de Tannenberg, fue que los alemanes se vieron obligados a desviar algunas de sus tropas de las batallas que se libraban en el Frente Occidental. Los dos cuerpos que fueron enviados al Frente Oriental no llegaron a tiempo para desempeñar algún papel en la batalla de Tannenberg, pero tampoco estuvieron presentes en la batalla del Marne, y esto facilitó que las fuerzas británicas y francesas lanzaran un contraataque y detuvieran el avance alemán en París, lo que resultó en una victoria crucial para los Aliados.

Capítulo Cinco- La Batalla de Ypres y la Tregua Navideña

Una vez que los franceses derrotaron a los alemanes en la batalla de Marne, la carrera hacia el mar comenzó cuando ambas partes lucharon por obtener el control de los mercados belgas en el mar del Norte. Los ejércitos intentaron desesperadamente flanquearse unos a otros y avanzar hacia el norte, construyendo trincheras a medida que avanzaban. Finalmente, la carrera hacia el mar culminaría en la batalla de Ypres, en las afueras de la histórica ciudad flamenca situada en la costa norte de Bélgica. Ypres era estratégicamente importante para los Aliados porque proporcionaba una posición defensiva para proteger los puertos franceses en el canal de la Mancha. Era igualmente importante para los alemanes porque si podían romper las defensas aliadas y capturar Ypres y otros puertos del canal, entonces controlarían todo el acceso al mar del Norte.

Después de que los alemanes capturaran la ciudad belga de Amberes, la Fuerza Expedicionaria Británica (FEB) y las tropas belgas se retiraron a Ypres para reforzar las tropas belgas y francesas estacionadas allí. El 19 de octubre de 1914, las fuerzas aliadas y alemanas participaron en la primera de las tres batallas para obtener el control de esa posición táctica. El área entre los dos ejércitos opuestos, los británicos en Ypres y los alemanes en Menin y Roulers, se conoció como la Saliencia de Ypres. Aquí, 34 divisiones alemanas se enfrentaron a 12 divisiones francesas, 9 británicas y 6 belgas. Este fue el comienzo de una campaña larga y prolongada, y los campos de Flandes vieron algunas de las batallas más sangrientas y brutales de la guerra.

La batalla de Ypres puede describirse mejor como una guerra de desgaste, sin que ninguna de las partes ganara mucho terreno por el costo de vidas y el sufrimiento en los campos de Flandes. Del 21 al 23 de octubre, las defensas del campo aliadas rechazaron los implacables ataques alemanes en Langemarck, y los alemanes perdieron hasta el 70% de sus hombres a cambio de muy poca ganancia táctica. Ningún lado podía mover tropas a Ypres lo suficientemente rápido como para aplastar al otro ejército y obtener una victoria decisiva A principios de noviembre, todos los ejércitos carecían de municiones y suministros, y los hombres estaban exhaustos, lo que provocó una baja de la moral y, en algunos casos, incluso la negativa de los soldados a seguir las órdenes. Las grandes pérdidas continuaron de ambos lados hasta que el inicio del crudo clima invernal detuvo la lucha.

Las condiciones en Ypres eran terribles, como lo describiera después el cabo Edward Williams:

En la noche del 31 de octubre, llevamos raciones al batallón: ¡no estaban allí! Esperamos horas bajo fuego de artillería y lluvia, sin poder entregarlas. El batallón había sido trasladado al final del día para hacerse cargo de la primera línea de agujeros de la artillería en el frente de la aldea destruida de Hooge en la carretera de Menin. En ese paisaje lunar, se salieron del camino porque solo tenían rumbos de brújula. Entonces la brigada decidió que las raciones llegarían a la luz del día. Había llovido mucho y apenas podíamos movernos. Afortunadamente, la visibilidad era mala, era undía muy brumoso, ¡de lo contrario nos hubieran bombardeado mandándonos al infierno! Pasamos armas y cadáveres empantanados de 18 libras: manos que sobresalían del barro, rostros que flotaban en los agujeros de la artillería. Llegamos a la cima de la elevación, donde quedaba algo de una vieja trinchera, en la que había dos alemanes muertos, uno yaciendo sobre su rostro y el otro apoyado contra una pared. Era un tipo guapo; me recordaba un poco a mi padre. Una bala lo había diseccionado muy bien. Le había quitado todo el frente del pecho hasta el estómago, cuidadosamente cortado y separado como si estuviera en la escuela de anatomía. Dije: "¡Qué fantástica exhibición de anatomía!" Suena despiadado, pero entonces estás en un área de emoción reprimida, por lo que tu mente tiende a tomar el control. Delante de nosotros había un terreno destruido: agujero de bala tras otro hoyo de bala. Era nuestro batallón y mi hermano allá arriba con su arma Lewis. ¡Más tarde me dijo que había mirado hacia atrás y había visto el tren de mulas como formas en la niebla! Nada

> *podría ser tan terrible como la Saliente de Ypres, el Somme fue terrible, pero Ypres tenía un aspecto atroz propio.*[3]

La batalla de Ypres demostró claramente que la guerra estaba cambiando, y las batallas entre enormes ejércitos equipados con armas modernas a menudo demostraron no nser decisivas. Con fortificaciones de campo efectivas y el uso defensivo de la artillería, un ejército podría neutralizar efectivamente muchas de las armas ofensivas del enemigo. La capacidad de los ejércitos para usar trenes y camiones para reabastecer sus líneas del frente y mover tropas rápidamente de un campo de batalla al siguiente significaba que las batallas rara vez eran rápidas y decisivas; en cambio, a menudo se prolongaban durante semanas. A finales de 1914, gran parte de los combates en el Frente Occidental habían llegado a un punto muerto, y hubo una pausa en la acción cuando los comandantes de ambos lados reconsideraron sus opciones.

La navidad de 1914 fue sombría y amarga en Europa. Había poca alegría en las trincheras frías y fangosas mientras los cuerpos de los caídos yacían rígidos y congelados en tierra de nadie. Ninguno de los bandos había tenido la oportunidad de recuperar y enterrar a sus muertos. Los hombres empantanados en las trincheras alrededor de Ypres y el resto de Francia y Bélgica tenían poco que esperar; aparte de más miseria y otro año de lucha.

Este no era lo que el mundo que habían imaginado cuando se trazaron las líneas de batalla en agosto de 1914. Cuando los primeros ejércitos marcharon a enfrentarse entre sí en los frentes occidental y oriental, muchos en ambos lados creían que la guerra terminaría rápidamente y todo el mundo estaría en el hogar para navidad, disfrutando de la alegría de la navidad con sus familias alrededor de un cálido fuego. Los alemanes habían imaginado que al implementar el bien concebido Plan Schlieffen serían capaces de neutralizar rápidamente la amenaza en el frente occidental y luego poner toda su atención en la derrota de los rusos. Pero esto no iba a suceder, y en la navidad de 1914, Europa se vio envuelta en una guerra, como nunca antes se había visto, y esto fue solo el comienzo. Años de miseria todavía quedaban por delante de la Europa desgarrada por la guerra.

---

[3] Hart, Peter; "Lodo, Sangre y Gas" (Revista de Historia de la BBC, julio de 2017, p 47).

Pero entre todo este horror y destrucción, aún quedaba algo parecido a humanidad, y se sentía un cierto grado de amistad entre los soldados de ambos lados, lo que llevó al surgimiento de algunas hermosas e inspiradoras historias en esta época de miseria generalizada. Una de las historias más duraderas y queridas de la Primera Guerra Mundial es la tregua navideña de 1914. En la víspera de navidad, las armas se habían callado, y en la espeluznante oscuridad, a través de la fangosa extensión de tierra de nadie, los británicos escucharon a los alemanes cantando, "Stille Nacht. Heilige Nacht. Allesschläft, Eynsam wacht", las primeras líneas de "Noche Silenciosa". Para muchos, este fue probablemente el sonido más hermoso que habían escuchado en mucho tiempo. Cuando la canción llegó a su fin, los soldados británicos los vitorearon y luego respondieron cantando "The First Noel". El canto de himnos, villancicos y canciones populares de un lado a otro a través de las líneas enemigas continuó durante toda la noche a lo largo del Frente Occidental y Navidad. La mañana vio a los soldados abandonar sus trincheras para intercambiar saludos navideños y, en algunos casos, recuerdos y comida.

La tregua de navidad no fue un alto el fuego por orden del alto mando de ninguno de los bandos. Fue un alto al fuego momentáneo unilateral instigada por los soldados en las trincheras, antes y el día de navidad. Fue una serie de pausas generalizadas y no oficiales en los combates a lo largo del Frente Occidental, que dieron a las tropas un breve respiro de la batalla y la oportunidad de celebrar la navidad. Durante este alto el fuego, también hubo ceremonias funerarias conjuntas, intercambios de prisioneros, y e incluso los hombres jugaron partidos de fútbol entre ellos. Para muchos, este alto en la lucha probablemente les parecía el regalo de Navidad más hermoso que podrían haber recibido en medio de los horrores de la guerra.

Esta situación se produjo en parte porque en diciembre de 1914 hubo una breve pausa en la lucha, ya que ambas partes se tomaron tiempo para considerar sus opciones. La guerra no había ido según el plan de ninguna de las partes, y nadie había anticipado una lucha tan prolongada. Pero eso parecía ser exactamente lo que ahora enfrentaban, ya que el estancamiento se había producido entre los Aliados y las Potencias centrales tras el resultado indeciso de la primera batalla de Ypres.

Lamentablemente, la tregua de navidad nunca se repitió en la misma escala que en 1914. En 1915, algunas unidades organizaron ceses de fuego, pero no fue generalizado. Esto se debió en parte a las órdenes de los comandantes de ambos bandos, pero tampoco los soldados eran tan amables entre sí como lo habían sido en 1914. A medida que la guerra se arrastraba y la lucha se intensificaba, los hombres en las trincheras se volvieron más amargos y desilusionados. Después de la devastación de Verdun y Somme, las actitudes hacia el enemigo se endurecieron a ambos lados de las líneas de batalla.

La conmovedora historia de la tregua navideña ilustra claramente el elemento humano de la guerra. Incluso ahora, más de 100 años después, le recuerda a la gente que los soldados de ambos bandos eran solo hombres y jóvenes que luchaban por el rey y el país, el honor y la gloria, y para proteger una forma de vida en la que creían. Esta guerra no fue buena contra el mal e, independientemente de cómo la historia haya retratado cada lado, en esencia, estos eran solo hombres que cumplían con su deber.

Capítulo Seis - Segunda Batalla de Ypres y la Introducción de la Guerra Química

La Primera Guerra Mundial introdujo la era de la guerra química en Europa. Y nadie puede describir los efectos del gas de cloro mejor que aquellos que lo experimentaron en la segunda batalla de Ypres y fueron testigos del horrible evento que marcó el comienzo de una nueva y aterradora era de guerra.

Finalmente, decidimos liberar el gas. El meteorólogo tenía razón. Era un hermoso día, el sol brillaba. Donde había hierba, era verde brillante. Deberíamos haber ido de picnic, no hacer lo que íbamos a hacer ... Enviamos a la infantería atrás y abrimos las válvulas a resortes. Después de la hora de la cena, el gas comenzó a ir hacia los franceses; Todo estaba en silencio. Todos nos preguntamos qué iba a pasar. Cuando esa gran nube de gas verde grisaceo se estaba formando frente a nosotros, de repente escuchamos los gritos franceses. En menos de un minuto comenzaron con la mayor cantidad de disparos de fusil y ametralladora que jamás había escuchado. Cada arma de artillería de campo, cada ametralladora, cada rifle que tenían los franceses, debbían haber estado disparando. Nunca había escuchado tal ruido. La lluvia de balas que pasaban por nuestras cabezas era increíble, pero no detenía al gas. El viento seguía llevando el gas hacia las líneas francesas. Oímos mugir a las vacas y relinchar a los caballos. Los franceses seguían disparando. No podían ver lo que estaban disparando. En unos 15 minutos, los disparos comenzaron a cesar. Después de media hora, solo tiros ocasionales. Entonces todo volvió a estar en silencio. Después de un momento se había despejado y caminamos junto a las botellas de gas vacías. Lo que vimos fue la muerte total. Nada estaba vivo. Todos los animales habían salido de sus agujeros para morir. Conejos muertos, topos, y ratas y ratones yacían por todas partes. El olor a gas todavía estaba en el aire. Colgaba de los pocos arbustos que quedaban. Cuando llegamos a las líneas francesas, las trincheras estaban vacías, pero a media milla los cuerpos de los soldados franceses yacían por todas partes. Era increíble. Luego vimos que había algun inglés. Se podía ver dónde los hombres se habían arañado los rostros y las gargantas, tratando de respirar. Algunos se habían pegado un tiro. Los caballos, todavía en los establos, las vacas, gallinas, todo, todos estaban muertos. Todo, incluso los insectos estaban muertos.[4]

Willi Siebert, soldado alemán que registró el primer ataque con gas de cloro en Ypres.

En 1915, los alemanes estaban literalmente atrapados en medio de una guerra que se prolongaba mucho más de lo que nadie hubiere previsto. Estaban empantanados en las trincheras del Frente Occidental y se enfrentaban a la gran máquina de guerra rusa en el Frente Oriental. Para distraer a los Aliados de su inminente ofensiva de primavera en el Frente Oriental, los alemanes lanzaron un segundo ataque, aunque limitado, a Ypres. Lo que hizo significativa esta batalla fue la naturaleza insidiosa del ataque. Compuesto por cuatro batallas en la sección norte del Ypres Saliente la ofensiva fue diseñada para investigar las defensas aliadas, pero lo más importante, fue una oportunidad para que los alemanes probaran su última arma en el Frente Occidental, el gas de cloro.

El plan era que el gas sería impulsado por el viento a través de tierra de nadie y se asentaría en las trincheras. Las tropas francesas presas de pánico se verían obligadas a retirarse con el fin de evitar los gases asfixiantes, abriendo así una gran brecha para los soldados alemanes, con máscaras de gas, para empujarlos fuera y finalmente romper el punto muerto, tomando el control de la saliente de Ypres. Para que el ataque de gas funcionara con eficiencia, los alemanes tuvieron que esperar a que las las condiciones del tiempo fueran las adecuadas para que el gas pudiera ser dispersado por el viento, y el 22 de abril de 1915, se presentó la oportunidad.

Después de algunos bombardeos de artillería pesada, a las 5 de la tarde, una niebla de color amarillo verdoso, de varios kilómetros de largo, se desplazaba a través de la tierra de nadie, arrastrada por una suave brisa, hacia las trincheras de la División 45 de Francia en el lado

---

[4]Everts, Sarah, "Relatos de Primera Mano del Primer Ataque con Gas Cloro", https://chemicalweapons.cenmag.org/first-hand-accounts-of-the-first-chlorine-gas-attack/.

norte de la Saliente de Ypres, creando una atmósfera misteriosa. Los soldados en el frente occidental nunca habían visto algo así antes, y no reconocieron la niebla cómo el gas de cloro descargado por los alemanes desde cilindros presurizados a lo largo de un tramo de quince millas de la línea del frente. A medida que el gas, que es más pesado que el aire, llenaba las trincheras, las tropas aliadas comenzaron a ahogarse, balbucear y luchar por respirar. Los que no pudieron escapar, sufrieron una muerte horrible y dolorosa, arañándose el rostro y rascándose la garganta mientras el gas les quemaba la piel y los pulmones.

Aquellos que no sucumbieron al gas huyeron de las trincheras mientras sus camaradas se quedaban allí, luchando por sus vidas, no contra armas ni bombas, sino contra un arma aún más aterradora e insidiosa. El ataque con gas, combinado con la retirada francesa, abrió una gran brecha en las defensas aliadas y amenazó su posición en el Saliente de Ypres, pero los alemanes no pudieron aprovechar su ventaja. Esto se debió en parte a que habían subestimado el impacto psicológico de la guerra química. Las tropas alemanas, aun con máscaras de gas, se mostraron reacias a avanzar a través del gas, y pronto las brechas que el ataque había abierto fueron cubiertas por las tropas británicas y canadienses.

La segunda batalla de Ypres fue el primer compromiso importante del ejército canadiense en la guerra. Afortunadamente para ellos, no estaban en el camino directo del primer ataque con gas, pero la retirada francesa expuso el flanco izquierdo canadiense, y se vieron obligados a cambiar de posición para cubrir la brecha. Durante los siguientes días, los canadienses, flanqueados, y superados en número, tuvieron que luchar con uñas y dientes para defender su posición y evitar que los alemanes aprovecharan los efectos del ataque con gas. El contraataque canadiense detuvo el avance alemán y compró para los Aliados el precioso tiempo que necesitaban para hacer avanzar a las tropas británicas y reforzar la defensa del Saliente de Ypres. Sus feroces combates les ganaron a los canadienses la reputación de ser resistentes y confiables.

Durante las siguientes cuatro semanas, las unidades británicas y canadienses sufrieron grandes bajas mientras los alemanes continuaban atacando las trincheras aliadas con artillería y gas, pero las defensas aliadas en el Saliente de Ypres se mantuvieron firmes, y el 25 de mayo, la segunda batalla de Ypres terminaba. La batalla fue vista como una victoria aliada, pero el ataque inicial con gas de cloro provocó casi 6.000 bajas francesas, así como algunas bajas alemanas no deseadas por la exposición a su propia arma mortal.

La segunda batalla de Ypres no fue la primera vez que se usaría gas venenoso en la guerra. El primer uso extensivo de gas venenoso por parte de los alemanes fue en la Batalla de Bolimov en el Frente Oriental, al oeste de Varsovia, el 31 de enero de 1915. En ese momento, los alemanes estaban experimentando con esta nueva forma de guerra, y dispararon 18.000 cápsulas de gas a los rusos sin éxito. El general alemán Max Hoffman observó el ataque con gas desde lo alto de una iglesia en Bolimov, pero los resultados fueron decepcionantes.

El general Hoffmann había esperado presenciar el primer ataque químico exitoso en Europa, pero el gas, el bromuro de xililo, no pudo vaporizarse a la temperatura de congelación y voló hacia las líneas alemanas, cayendo al suelo sin causar daño. Cuando su ataque con gas fallara, los alemanes suspendieron su asalto a las líneas rusas en Bolimov. Los rusos lanzaron una serie de contraataques pesados, pero estos fueron fácilmente rechazados por los alemanes, y poco fue lo que lograron ambos bandos.

Los rusos sabían que los alemanes habían intentado un uso innovador del gas venenoso, pero debido a que había fracasado tan espectacularmente, los rusos básicamente ignoraron la amenaza y no la reportaron a los Aliados en el Frente Occidental. Desafortunadamente, el fracaso en Bolimov fue solo un revés temporal para los alemanes. Cuando se utilizó gas cloro en condiciones más favorables en el Frente Occidental, tuvo el efecto devastador que los alemanes esperaban. A partir de entonces, los ataques químicos se convirtieron en una característica regular y terrible de la guerra de trincheras y aterrorizaron a los soldados más que cualquier arma tradicional utilizada contra ellos. Sin embargo, las consecuencias fueron mucho más generalizadas y devastadoras que las bajas que provocaran en el campo de batalla.

Capítulo Siete -Guerra Química en el Frente Occidental

En una guerra de desgaste, la moral de las tropas y la estabilidad mental son extremadamente importantes, y los agentes químicos son un arma insidiosa que socava la salud mental y física de los hombres en el campo de batalla. En la Primera Guerra Mundial, muchos más soldados fueron asesinados o heridos por ataques de artillería y disparos que por gas. De los millones de víctimas, sólo aproximadamente 185.000 del personal del servicio británico fueron clasificados como bajas por gas, y la mayoría fueron los que estuvieron en los dos últimos años de la guerra, cuando se introdujo el gas mostaza en campo de batalla. La mayoría de los hombres expuestos a los ataques de gas se recuperaron al menos físicamente, pero los efectos psicológicos fueron mucho más dañinos. Y aun cuando los ataques de gases químicos no mataron, sacaron a los hombres del campo de batalla durante seis a ocho semanas, usando recursos médicos valiosos y ocupando camas que se necesitaban mucho más. El gas también les dio a las trincheras una sensación extraña; era como una niebla que se movía a través del paisaje, y los hombres con sus máscaras de gas parecían imágenes fantasmales aterradoras. Este horror fue descrito perfectamente en "Dolce et Decorum Est" de Wilfred Owen.

El cloro es el 17º elemento en la tabla periódica y tiene muchas aplicaciones industriales y prácticas, sobre todo formando la base de blanqueadores domésticos. Cuando se agrega una pequeña cantidad de cloro al agua, se forma ácido hipocloroso que mata las bacterias y evita el crecimiento de algas, lo que lo convierte en un limpiador de piscinas ideal. Utilizado en estas formas y en pequeñas cantidades, el cloro es seguro y no es letal. Pero al cloro se le puede dar a un uso mucho más siniestro, y eso se demostró claramente durante la Primera Guerra Mundial.

La posibilidad de una guerra química no era un concepto nuevo al comienzo de la Gran Guerra. En 1899, las potencias europeas firmaron un tratado que prohibía el uso de proyectiles de gas en las batallas. Sin embargo, este tratado, no detuvo el lanzamiento de proyectiles franceses que contenían una forma primitiva de gas lacrimógeno no letal sobre las líneas alemanas en 1914 para desbaratar a las tropas. Sin embargo, el uso de cloro gaseoso fue una situación completamente diferente, ya que fue diseñado específicamente para matar. Por cierto, el pionero de la guerra química en Alemania, Fritz Haber, planeó liberar el gas usando bombonas, no proyectiles, y de ese modo mantenerse dentro de la letra del tratado de 1899, si no el espíritu. Muchos de los oficiales alemanes se opusieron al uso de agentes químicos en las líneas del frente, pero Haber los convenció de que el uso de gas cloro acortaría significativamente la guerra y como resultado salvaría innumerables vidas, y que las ganancias finales compensarían las bajas. Cuando los soldados alemanes abrieron las válvulas de esas primeras bombonas en el Frente Occidental, no tenían idea de lo que estaban desatando en el mundo.

Aunque los Aliados condenaron el uso de gas cloro en Ypres, pronto desarrollaron sus propios métodos de dispersión, y en cuatro meses, en la batalla de Loos, los británicos atacaron las trincheras alemanas con gas. Sus oficiales usaron la excusa de que les habían forzado la mano cuando los alemanes habían introducido agentes químicos en el campo de batalla, y no tenían más remedio que luchar fuego con fuego si esperaban ganar la guerra.

Los comandantes de ambos lados condenaron el uso de armas químicas. El general Karl von Einem, comandante del 3er ejécito alemán, escribió: "Me temo que producirá un tremendo escándalo en el mundo... la guerra ya no tiene nada que ver con la caballerosidad". El teniente general británico Charles Ferguson la llamó una forma cobarde de guerra.

Haber había creado un arma horrorosa, y pronto ambos bandos se enfrentaron en una carrera para desarrollar aún más químicos letales y tóxicos para desatar sobre sus enemigos. Hubo tres tipos principales de productos químicos desarrollados y utilizados por ambas partes en los campos de batalla de la Primera Guerra Mundial. El cloro, con su olor familiar a lejía, reacciona con grasas, proteínas y otros fluidos corporales para atacar al cuerpo de varias maneras y producir quemaduras químicas devastadoras internas y externas, y el gas corroe los ojos, la boca, la nariz y los pulmones. La exposición a una pequeña cantidad no es fatal, pero no existe un antídoto, y las dosis altas provocarán una muerte rápida y misericordiosa o una muerte extremadamente lenta y dolorosa. En altas dosis, el gas de cloro literalmente mata por asfixia, ya que el cloro reacciona con la humedad en las vías respiratorias, formando ácido clorhídrico y provocando que el tejido pulmonar se inflame y la víctima se ahogue mientras lucha desesperadamente por respirar.

Además del gas cloro, también se liberaron en las trincheras gas fosgeno y mostaza. El fosgeno, que huele a heno mohoso, es seis veces más mortal que el cloro gaseoso y es un arma mucho más sigilosa. El fosgeno fue utilizado principalmente por los aliados y fue responsable del 85% de las muertes relacionadas con productos químicos en la Primera Guerra Mundial. Los soldados no sabían cuándo habían estado expuestos al fosgeno, mucho menos cuando recibían una dosis fatal, y solo después de un día más o menos sus pulmones se llenarían de líquido y comenzarían a sofocarse lentamente.

El gas mostaza fue el agente químico más utilizado en la Primera Guerra Mundial. Este potente agente de formación de ampollas, como el fosgeno, no era detectable de inmediato, y los efectos solo se sentían horas después de la exposición. Sin embargo, tenía un olor potente que podría describirse como un olor a ajo, gasolina, caucho o caballos muertos. La exposición en grandes cantidades, sin máscara de gas, producía ampollas en los pulmones y la garganta y los ojos se inyectaban de sangre que se volvían cada vez más doloidos, aun en algunos casos causando una ceguera temporaria. Los efectos sobre los soldados con máscaras de gas eran igualmente terribles. El gas mostaza empapaba sus uniformes de lana y ampollaba su piel, especialmente en las axilas y el área de la ingle. Los uniformes contaminados tenían que quitarse lo más rápido posible y lavarse, pero esto no era práctico para los soldados bajo ataque en la línea del frente. Más tarde, cuando aparecían las ampollas, podían infectarse fácilmente. Las víctimas de la exposición al gas mostaza fueron más de 120.000 soldados, pero el número de muertos habría sido mucho mayor si el aire libre del campo de batalla no hubiera mantenido las concentraciones por debajo del umbral letal.

El verdadero poder de la guerra química radica en su capacidad para no solo matar y mutilar, sino también provocar graves daños psicológicos, y los soldados en el frente estaban aterrorizados por los ataques con gas. Muchos habían visto a sus camaradas ahogándose y luchando por respirar, así que cuando sonaba la alerta de gas, provocaba miedo y pánico entre los hombres en las trincheras. Según el profesor Edgar Jones del Centro de Investigación de Salud Militar Real en Londres, el miedo al gas se propagó como un virus, y los médicos en el frente tuvieron que lidiar con decenas de soldados que pensaban que habían estado expuestos al gas, pero no mostraban síntomas. Por lo general, eran tratados con un placebo, pero este fue un uso improductivo del personal y recursos médicos limitados, todo lo cual se sumó a las presiones de los combates en el Frente Occidental. Los soldados canadienses orinaban sobre la ropa y la usaban para cubrirse la cara durante los ataques con gas cloro. El amoníaco en la orina ayuda a contrarrestar los efectos del gas cloro. Los alemanes realmente desataron un monstruo en el mundo cuando abrieron esas primeras bombonas de gas en la Batalla de Ypres, y contrariamente a la predicción de Haber, el uso de armas químicas no hizo nada para acortar la guerra.

[1] Hart, Peter; "Lodo, Sangre y Gas" (Revista de Historia de la BBC, julio de 2017, p 47).

Cronología de los Ataques con Gas Químico en la Primera Guerra Mundial

Agosto de 1914: Los franceses arrojan granadas de gas lacrimógeno para desbaratar a las tropas alemanas en las trincheras.

Octubre de 1914: Los alemanes disparan 3.000 proyectiles de clorosulfato de dianisidina contra el ejército británico en Neuve-Chapelle. El ataque es ineficiente porque los químicos fueron incinerados por los proyectiles explosivos.

Enero de 1915: Los alemanes disparan 18.000 proyectiles llenos de bromuro de xililo sobre los rusos en la batalla de Bolimov. Los proyectiles son ineficaces, ya que el frío evita que el líquido se vaporice.

Abril de 1915: Alemania lanza el primer ataque químico a gran escala en la segunda batalla de Ypres. Se liberan 5.730 cilindros de gas cloro, y más de 1.000 soldados franceses mueren y 7.000 son heridos.

Septiembre de 1915: Por primera vez los británicos liberan gas cloro de cilindros contra los alemanes en la batalla de Loos.

Diciembre de 1915: Los alemanes usan fosgeno contra los Aliados matando a 120 e hiriendo a más de 1.000.

Julio de 1917: Por primera vez, el gas mostaza es utilizado por los alemanes e inflige 2.100 bajas.

Junio de 1918: Los aliados comienzan a usar gas mostaza contra los alemanes.

Octubre de 1918: Adolf Hitler es cegado temporalmente por un ataque con gas cerca de Ypres. Es evacuado a un hospital militar y pasa el resto de la guerra recuperándose.

Noviembre de 1918: Al final de la Primera Guerra Mundial, habría más de un millón de víctimas provocadas por armas químicas, incluidos aproximadamente 100.000 muertes, principalmente por envenenamiento por fosgeno.

1925: La Sociedad de las Naciones adopta el Protocolo de Ginebra, prohibiendo el uso de la guerra química y biológica.

Capítulo Ocho - Mi Muchacho Jack, el Verdadero Costo Humano de la Primera Guerra Mundial

En la Primera Guerra Mundial, millones de hombres murieron en los campos de batalla. Los cuerpos yacían esparcidos durante varios días en tierra de nadie, y los campos que antes fueron verdes y fértiles se transformaron en nada más que pantanos fangosos de muerte y destrucción. Los hombres eran enterrados donde caían, en tumbas sin marcar y sin grabar, internados para siempre lejos de su hogar. En las palabras inmortales del poeta Rupert Brooke, en uno de sus poemas más famosos, "El soldado", "hay algún rincón de un campo extranjero que es para siempre Inglaterra".

Pero el precio a pagar no fue solo la pérdida de vidas, sino también un sufrimiento humano sin precedentes. Los hombres quebrados fueron enviados de regreso desde el frente con heridas horribles, extremidades perdidas, rostros desfigurados por la metralla y los pulmones destruidos por el gas venenoso. Estos fueron los heridos andantes. Y esas eran solo las heridas visibles. Muchos más sufrieron cicatrices que el mundo no podía ver; las pesadillas y neurosis de guerra (ahora conocidas como trastorno de estrés postraumático TEPT) fueron generalizadas y muchos nunca se recuperaron, física o psicológicamente, de lo que habían presenciado en el frente. La juventud de Europa, que alguna vez fue fuerte y capaz, se había reducido a arrastrar los pies, como figuras agachadas, viejos antes de su tiempo. Para ellos, no había gloria en la guerra.

Las familias en el hogar sufrieron lo mismo; sacrificaron maridos, hijos, hermanos, tíos, y herederos a la devastación que se extendió por toda Europa. Hay un millón de historias diferentes de pérdidas y sufrimientos, y es difícil destacar solo una, pero la historia de Rudyard Kipling y su hijo, John, demuestra claramente el costo humano de la guerra. Esta no fue solo sufrimiento a gran escala; esta fue la sombra personal de la muerte que se cernió sobre cada familia en Europa y en muchas otras partes del mundo.

Rudyard Kipling probablemente fue el autor más famoso de su época, el premio Nobel en literatura más joven y la voz del imperio, pero la Gran Guerra no perdonaría a nadie. Ninguna familia, independientemente de su fama o fortuna, pudo escapar a la pérdida y a la angustia. Para Rudyard Kipling, la carnicería de la batalla de Loos en septiembre de 1915 fue la que finalmente llevó la guerra a su puerta y sumió su vida en la oscuridad. Su único hijo, John, fue muerto en acción apenas seis semanas después de cumplir 18 años, y como muchos de los que murieron junto a él, este fue el primer contacto de John con la guerra. La pérdida de Rudyard Kipling probablemente se vio agravada por el hecho de que había movido los hilos y utilizado sus conexiones y amistad con Lord Roberts, comandante en jefe del ejército británico, para nombrar a John en la Guardia Irlandesa.

A pesar de que John fue declarado muerto poco después de la batalla, un testigo que lo vio por última vez "tropezando a ciegas en el barro, gritando de agonía después que un proyectil le arrancara la mitad de su rostro", sus restos no fueron encontrados, y sin un cuerpo, Kipling se aferró a la esperanza y se obsesionó con la idea de que su hijo podría haber sobrevivido. Sin embargo, finalmente en 1919, después de innumerables entrevistas con los camaradas de John y aquellos que lucharon en Loos, Kipling tuvo que aceptar que John era uno de los 1.1 millones de soldados británicos muertos en la guerra.

Kipling puede haber reconocido públicamente que su hijo había muerto en Loos, pero nunca escribió directamente sobre John. Lo más cerca que llegó fue "Mi Muchacho Jack", un poema sobre un marinero que se ocupa de la pérdida, el luto y el arrepentimiento. Después de la guerra, Kipling se convirtió en un miembro destacado de la Comisión de Tumbas de Guerra del Commonwealth y fue instrumental en la creación de los cementerios de piedra para honrar a los caídos. Seleccionó el epitafio, "Su nombre vive para siempre". Más tarde, en "Epitafios de la guerra", escribió: "Si hay alguna pregunta de por qué morimos, dile que fue porque nuestros padres nos mintieron". La muerte de su hijo en Loos afectó profundamente la confianza de Rudyard Kipling en el comando militar británico y más específicamente en el general Haig.

La batalla de Loos se extendió del 25 de septiembre al 8 de octubre de 1915. Este fue el mayor ataque británico de ese año y la primera vez que usaron gas venenoso en la guerra. En un intento por lograr el avance tan esperado, los franceses centraron sus esfuerzos en las alturas de Vimy Ridge, mientras que se esperaba que los británicos avanzaran hacia la cuenca de carbón debajo. Aparentemente, sin considerar la pérdida de vidas y a pesar de que sus hombres estaban exhaustos y su artillería tenía un suministro insuficiente de proyectiles, el general británico Douglas Haig envió seis divisiones a la refriega

El extremo sur del ataque tuvo éxito el primer día, permitiendo a los británicos, bajo el mando del general French, tomar la aldea de Loos y la Colina 70 y luego avanzar hacia Lens. Desafortunadamente, su progreso se detuvo debido a la llegada tardía de refuerzos y a la falta de municiones, lo que permitió a los alemanes contraatacar y recuperar la Colina 70.

Hacia el norte, el avance británico se frenó en el Reducto Hohenzollern, un formidable y vasto complejo de trincheras alemanas, refugios subterráneos y nidos de ametralladoras. Los nidos de ametralladoras resultaron ser especialmente mortales para los británicos, alcanzando 8.500 hombres derribados en un solo día. Durante cuatro días, los británicos bombardearon a los alemanes con más de 250.000 proyectiles, pero tuvieron poco efecto. En la mañana del 25 de septiembre, sabiendo que no tenían suficientes proyectiles de artillería y para compensar la ineficiencia del bombardeo, el general Haig ordenó a sus oficiales que liberaran 5.000 bombonas de gas cloro a lo largo de la línea del frente. El objetivo era aniquilar a los alemanes en Loos, e inicialmente, el gas provocó el pánico deseado entre los alemanes, ya que aproximadamente 600 hombres murieron en una terrible agonía. Sin embargo, la dirección del viento cambiaría en varios puntos a lo largo del frente e impulsaría el gas hacia las trincheras aliadas, y 2.600 tropas británicas tuvieron que retirarse de la batalla.

El 26 de septiembre, llegaron refuerzos alemanes para llenar las brechas. Pero esto no impidió que 75.000 hombres atravesaran las trincheras cuando llegó la orden de atacar, y el siguiente ataque británico, lanzado sin bombardeos preliminares, resultó en una catastrófica pérdida de vidas, ya que miles de hombres fueron asesinados por la artillería alemana. Después de esto, continuó la lucha esporádicamente hasta el 8 de octubre, cuando los comandantes británicos aceptaron la gravedad de la situación y ordenaron la retirada. El 13 de octubre, los británicos intentaron una vez más un ataque con gas, pero este también tuvo un final desastroso cuando 180 oficiales y más de 3.500 hombres de la 46ª División fueron asesinados en un intento de tomar el Reducto Hohenzollern. El fracaso en Loos llevó a que el general French fuera reemplazado como comandante en jefe por el general Douglas Haig el 19 de diciembre de 1915. Desafortunadamente, muchos de los errores cometidos en Loos se repitieron al comienzo de la batalla del Somme.

Capítulo Nueve - La Campaña de Gallipoli

Para 1915, los británicos y los franceses se encontraban empantanados en el Frente Occidental, los rusos estaban luchando en una guerra de desgaste en el frente oriental, y nadie parecía estar avanzando. Las potencias aliadas se centraron en el Imperio otomano, que había entrado en la guerra del lado de las potencias centrales en noviembre de 1914, y más específicamente en Gallipoli, la estrecha península cerrada entre el mar Egeo y los Dardanelos en la actual Turquía occidental. Los aliados esperaban tomar rápidamente el control de la ruta marítima desde Europa a Rusia abriendo el bien defendido estrecho de los Dardanelos, un estrecho pasaje marítimo entre el mar Egeo y el mar de Mármara.

Concebido por el Primer Lord del almirantazgo, Winston Churchill, el plan fue concebido como el impacto de un rayo diseñado para sacar a los otomanos de la guerra. Churchill veía la campaña como la mayor esperanza para los Aliados para romper el punto muerto en el Frente Occidental, y sus generales esperaban que la operación terminara en cuestión de días. Calcularon que un ejército de 50.000 hombres y un poder marítimo abrumador sería todo lo que se necesitaba para eliminar al Imperio otomano de la guerra. Con este fin, en 1915, los Aliados lanzaron un asalto naval para apoderarse del estrecho de los Dardanelos.

El asalto a los Dardanelos comenzó a mediados de febrero con un bombardeo de largo alcance por parte de los acorazados británicos y franceses. Sin embargo, el bombardeo repetido de los Aliados resultó ineficaz, y un mes después, dieciocho acorazados aliados entraron en el estrecho en un intento de forzar un paso por los Dardanelos. Este ataque no funcionó bien para los Aliados y resultó en el hundimiento de tres acorazados aliados y otros tres gravemente dañados por el fuego turco y las minas no detectadas.

A raíz del fallido asalto naval, comenzaron los preparativos para un ataque terrestre a gran escala en la península de Gallipoli. Lo que siguió fue la batalla de Gallipoli, o la Campaña de los Dardanelos, que duraría desde abril hasta diciembre de 1915. El secretario de guerra británico Lord Kitchener nombró al general Ian Hamilton para tomar el mando de la operación y liderar una fuerza combinada, que incluía a franceses, británicos y el ANZAC (los Cuerpos de Ejército de Australia y Nueva Zelanda). Las tropas aliadas se reunieron en la isla griega de Lemnos y se prepararon para lanzar el asalto. Al mismo tiempo que los aliados se preparaban para el ataque en la península de Gallipoli, los turcos, bajo el mando del general alemán Liman von Sanders, reforzaban sus defensas y ubicaban tropas a lo largo de la costa donde esperaban que se realizasen los desembarcos.

La noche del 24 de abril de 1915, 32 buques de guerra aliados abandonaron Lemnos y avanzaron sigilosamente hacia la península de Gallipoli. Este fue el primer asalto anfibio en la historia moderna, pero desafortunadamente para los Aliados, fue uno de sus mayores fracasos de la Primera Guerra Mundial. Cuando el sol el 25 de abril de 1915 saliera el sol, los hombres en los botes pudieron ver las playas de Gallipoli, fuertemente fortificadas con alambre de púas, y los escarpados acantilados de piedra caliza que se extendían justo detrás de ellos. El lugar parecía desierto. Pero cuando el 1er Batallón de Lancashire se preparaba para aterrizar, fueron atacados por tropas otomanas en el terreno más alto, y cuando una lluvia de balas cayó sobre ellos, se produjo el caos. Intentando desesperadamente escapar del ataque mortal, muchos soldados saltaron de los botes y, cargados con pesados pertrechos de 70 libras, se ahogaron en las aguas profundas. No obstante, algunos, lograron llegar a la playa, solo para ser aniquilados por el fuego enemigo cuando quedaron atrapados en el alambre de púa. Los pocos sobrevivientes del batallón de fusileros de Lancashire continuaron, y finalmente obligaron a los defensores turcos a retirarse. A las 7:15 de la mañana, los Aliados habían asegurado el aterrizaje, pero de los 1.029 hombres que habían desembarcado en la playa, solo sobrevivirían 410.

A pesar de sufrir estas grandes pérdidas, los Aliados pudieron asegurar dos cabezas de playa: la 29ª División británica desembarcó en el Cabo Helles y los Anzacs, justo al norte de Gaba Tepe, más tarde renombrada Cala Anzac, en la costa del mar Egeo. Ambos desembarcos se encontraron con una fuerte oposición de los turcos, y ni los británicos ni los Anzacs hicieron ningún progreso real. Pronto las tropas en Gallipoli se vieron obligadas a replegarse, y en lo que rápidamente se estaba convirtiendo en un escenario demasiado familiar de la Primera Guerra Mundial, la campaña de los Dardanelos se libró desde las trincheras.

Así es como Harold Elliot, comandante del séptimo batallón australiano, describiría las condiciones en Gallipoli y la sangrienta batalla de Pino Solitario.

El mismo comandante de la División bajó ... Vio con sus propios ojos las trincheras obstruidas con los muertos y los moribundos pisoteados por sus camaradas porque no podían ser retirados de las estrechas trincheras, y destrozados por las bombas y proyectiles que el enemigo les arrojaba encima ... Cuando alguien le hable de la gloria de la guerra, imagínese una línea estrecha de trincheras de dos y, a veces, tres de profundidad con cuerpos ... destrozados y desgarrados por las bombas, hinchados y ennegrecidos por la descomposición y arrastrándose con gusanos ... cavamos un enorme túnel de regreso hacia nuestras líneas subterráneas y abarrotados con cadáveres de a cientos hasta que estuvo lleno...[5]

En un intento por romper el estancamiento en la península y avanzar, los Aliados lanzaron un nuevo asalto en agosto y atacaron las colinas alrededor de Chunuk Bair, al norte de la Cala Anzac. Al mismo tiempo, hicieron otro importante desembarco de tropas en la Bahía Sulva. Pero este ataque se detuvo rápidamente, en gran parte debido a la indecisión y la demora aliadas, lo que permitió que llegaran refuerzos otomanos tanto de Palestina como del Cáucaso, y una vez más se produjo un estancamiento. A medida que aumentaban las bajas aliadas, el general Ian Hamilton solicitó al secretario de guerra Kitchener 95.000 refuerzos, pero le ofrecieron apenas 20.000.

A mediados de octubre, los aliados habían avanzado poco y sufrieron muchas bajas. El general Hamilton estimó que una retirada resultaría al menos en un 50% de pérdida de vidas. Fue reemplazado por Sir Charles Munro, quien recomendaría que las 105.000 tropas aliadas restantes fueran retiradas de la península ya que no estaban progresando y las condiciones eran terribles, el calor era sofocante y las tropas estaban rodeadas de cadáveres descompuestos y gruesos enjambres de cadáveres

---

[5]Carroll, Andrew; *Detrás de las Líneas, Cartas Reveladoras y Sin Censura de Nuestro Mundo Devastado por la Guerra*, p 120 – 123.

de moscas. Además de esto, carecían de agua dulce y miles se estaban muriendo de disentería. Por recomendación suya, el gobierno autorizó la retirada de todas las tropas aliadas de Gallipoli. El 7 de diciembre de 1915, comenzó la evacuación de la Bahía Sulva y el 9 de enero de 1916, las últimas tropas partieron de Helles. Al final de la campaña de Gallipoli, 58.000 soldados aliados y 87.000 soldados turcos habían perdido la vida, y aproximadamente 300.000 habían sido gravemente heridos, y los aliados no habían logrado nada.

El éxito aliado había dependido de que los turcos otomanos fueran derrotados rápidamente, pero desafortunadamente, los aliados subestimaron en mucho la fuerza de la oposición turca y pagaron caro su error. Los turcos otomanos lucharon con disciplina y tenacidad que los británicos nunca hubieran anticipado. También estaban bien atrincherados para cuando los Aliados desembarcaron y mantuvieron fortificado el terreno más alto. Sin embargo, si esta campaña hubiera logrado su objetivo de asegurar la península y permitir que las naves aliadas pasaran por los Dardanelos para capturar Constantinopla (la actual Estambul), habría sido un duro golpe para las potencias centrales e incluso podría haber acortado la duración de la guerra. Pero desafortunadamente, esto no fue así.

Las consecuencias del fracaso en Gallipoli llevaron a la dramática renuncia del Primer Lord del Almirantazgo de la Marina Real Británica, John Fischer, por el mal manejo de la campaña a pedido del Primer Lord del Almirantazgo Winston Churchill. Más tarde, Winston Churchill también renunciaría a su cargo y aceptaría la designación de comandar un batallón de infantería en Francia. El desastre de los Dardanelos aceleró la renuncia de Asquith como primer ministro de Gran Bretaña, y fue reemplazado por David Lloyd George, quien finalmente conduciría a Gran Bretaña a la paz y desempeñaría un papel fundamental en la elaboración del Tratado de Versalles.

A pesar de la pérdida de los Aliados, la Campaña de Gallipoli fue uno de los momentos decisivos de la guerra y tuvo una influencia mucho mas grande en la historia mundial de lo que nadie podría haber anticipado. Era llegar a mayoría de edad para las tropas de Australia y Nueva Zelanda (Anzac), ya que demostraría su coraje y tenacidad en una campaña que estaba condenada al fracaso desde el principio por la insuficiente inteligencia, la falta de conocimiento del terreno y la imprevista feroz resistenciade los turcos. Para los otomanos, fue un breve respiro en la decadencia de su imperio. Pero probablemente el legado más significativo y duradero de la campaña fue que la victoria fue la hacedora de un hombre llamado Mustafa Kemal [6]. Este teniente coronel de 33 años del ejército otomano, que comandaba la 19ª División turca, se hizo famoso como Atatürk, el fundador de la Turquía moderna.

[6] *Atatürk fue el fundador y primer presidente de la actual República de Turquía. Mustafa Kemal, nacido en 1881, en lo que aún era el Imperio otomano, fue criado para ser soldado y su padre lo envió a la escuela militar a la edad de 12 años. Desde allí, ingresó en la academia militar en Constantinopla, moderno-día Estambul. Se graduó en 1905 y entró directamente al servicio militar. Luchó contra los italianos en Libia y en las guerras de los Balcanes desde 1912 hasta 1913, pero fue su astuto liderazgo militar en Gallipoli y la derrota de la invasión aliada lo que cimentó su reputación y le dio el apoyo que necesitaba para organizar una revolución nacionalista en Anatolia y finalmente derribar el Imperio otomano.*

En mayo de 1919, Atatürk inició la oposición contra el acuerdo de paz impuesto a Turquía por los aliados. Esta oposición fue principalmente en respuesta a los intentos griegos de apoderarse de Esmirna, y Atatürk pudo asegurar una revisión del acuerdo de paz en el Tratado de Lausana. En 1921, estableció un gobierno provisional en Ankara, y al año siguiente, el Sultanato otomano fue abolido. En 1923, Turquía se convirtió en una república con Atatürk como presidente. Atatürk luego estableció un estado de partido único en Turquía que duró hasta 1945. Mientras era presidente, Atatürk introdujo reformas sociales y políticas para modernizar Turquía. Estos incluyeron la introducción del calendario y el alfabeto occidentales, así como un sistema legal occidental. En sus tratos con potencias extranjeras, se esforzó por permanecer neutral y mantener relaciones amistosas con los vecinos de Turquía. Atatürk murió en noviembre de 1938, pero su influencia todavía se siente en toda Turquía hasta nuestros días.

Capítulo Diez -La Batalla de Jutlandia

La Primera Guerra Mundial se libró predominantemente en los campos de batalla de los Frentes Oriental y Occidental, y aunque hubo numerosas escaramuzas navales y la marina se usó para bombardear posiciones estratégicas como los Dardanelos, solo hubo una gran batalla naval a gran escala en la Primera Guerra Mundial. Esa fue la batalla de Jutlandia, también conocida como la batalla de Skagerrak.

El encuentro, entre la Gran Flota de la Armada Real bajo el mando del Almirante Sir John Jellicoe y la Flota de la Alta Mar de la Armada Imperial Alemana bajo el mando del Vicealmirante Reinhard Scheer, tuvo lugar del 31 de mayo al 1 de junio de 1916 cerca de Skagerrak en el mar del Norte, aproximadamente a 97 kilómetros (60 millas) de la costa oeste de Jutlandia en Dinamarca. Esta fue una batalla entre las dos fuerzas navales más poderosas de la época y fue la única confrontación en la que los acorazados británicos y alemanes realmente lucharon entre sí.

El mando del mar era de suma importancia para la Armada Real. Durante siglos, el poder del Imperio británico se había basado en la premisa de que mientras controlaran el mar y las rutas comerciales permanecieran abiertas, el futuro de Gran Bretaña estaba seguro. Según este razonamiento, mientras la flota alemana estuviera encerrada en sus puertos por un bloqueo naval británico durante la Primera Guerra Mundial, Gran Bretaña estaría a salvo. La única amenaza naval posible para la flota mercante británica, que estaba proporcionándole al país los suministros tan necesarios, eran los submarinos alemanes, y en esta etapa de la guerra, su éxito había sido limitado.

Hasta la batalla de Jutlandia, parecía que las potencias navales más poderosas del momento evitaríann deliberadamente la confrontación directa. Pero, de hecho, los británicos no eran totalmente reacios a una batalla, siempre que se llevara a cabo en alta mar, donde creían que tenían ventaja debido a su mayor número y poder de fuego. Pero ciertamente no querían navegar directamente a la boca del lobo y enfrentarse a los alemanes en sus aguas nacionales. Por lo tanto, los británicos razonaron que mientras pudieran confinar a la flota alemana de alta mar al puerto, donde no podía hacer daño, lo mejor sería dejar las cosas en paz.

Los alemanes también eran conscientes de los peligros de una batalla naval a gran escala con los británicos en alta mar y no tenían intención de poner en peligro su flota. En cambio, mantuvieron sus barcos en el puerto y enviaron sus submarinos para hostigar las rutas marítimas y llevar a cabo ataques clandestinos contra los británicos, con la esperanza de reducir la Gran Flota de un barco a la vez. Pero los submarinos no lograron su objetivo, y los alemanes se vieron obligados a tramar un plan alternativo para lidiar con la Marina Real. La única forma de romper el bloqueo y acceder al importante Atlántico era que los barcos alemanes abandonaran los confines y la seguridad del puerto.

El plan alemán era utilizar los cinco modernos cruceros de batalla de exploración rápida del Vicealmirante Franz Hipper para atraer a los cruceros de batalla del Vicealmirante Sir David Beatty al camino de la flota alemana y sacarlos de la guerra. El Almirante Scheer esperaba destruir las fuerzas de Beatty antes de que la Gran Flota de Jellicoe pudiera llegar en escena. Por cierto, esta fue la misma estrategia utilizada por el Almirante Lord Nelson en la batalla de Trafalgar que tuviera lugar en el estrecho de Gibraltar en 1805. Sin embargo, los alemanes también estacionaron submarinos en la ruta más probable de los barcos británicos. Los británicos, conocían la estrategia alemana, los descifradores británicos habían podido interceptar las comunicaciones alemanas y advertir a la Gran Flota. Como resultado, tanto Beatty como Jellicoe se hicieron a la mar antes de lo previsto por los alemanes. El 30 de mayo de 1916, Jellicoe navegó con la Gran Flota y se reunió con Beatty, pasando sobre la línea de piquetes submarina alemana que afortunadamente no estaba preparada y, por lo tanto, no pudo responder. Conociendo el plan alemán, Beatty intentó usarlo contra ellos y envió una flota más pequeña el 31 de mayo para atraer a los alemanes al alcance de la flota principal del almirante Jellicoe.

La batalla de Jutlandia fue un episodio confuso y sangriento. A última hora de la tarde del 31 de mayo, la flota más pequeña del Almirante Beatty, compuesta por seis cruceros de batalla y cuatro poderosos acorazados, se cruzó con los cruceros de batalla de Hipper mucho antes de que los alemanes estuvieran listos para enfrentarse. El intercambio de disparos fue breve, pero en la batalla que siguió, Hipper atrajo con éxito a la vanguardia británica a la ruta de la flota alemana de alta mar, y

Beatty perdió dos cruceros de batalla. Cuando Beatty observara la Flota de alta mar, que los británicos no se habían dado cuenta de que estaban en mar abierto, retiró sus barcos y los alemanes los persiguieron. Esto atrajo a los barcos alemanes a la ruta de la Gran Flota Británica. La puesta de sol en el horizonte hizo retroceder a los barcos alemanes cuando las dos flotas, con un total de 250 barcos, se comprometieron activamente entre sí. En este enfrentamiento, los alemanes dañaron el buque insignia de Beatty, el HMS *Lyon* y hundieron al HMS *Indefatigable* y al HMS *QueenMary*, que explotaron cuando los proyectiles alemanes golpearon sus cargadores de municiones.

Cuando caía la oscuridad, Jellicoe, conociendo las limitaciones de su flota en la lucha nocturna, decidió no participar en una batalla directa hasta el amanecer. Pero durante toda la noche, cazó y acosó a los barcos alemanes y maniobró su flota para tratar de separarlos de su base, con la esperanza de continuar la batalla cuando el sol volviera a salir. Jellicoe colocó una barrera de cruceros y destructores detrás de su flota de batalla principal para patrullar la retaguardia mientras intentaba cortar la ruta de escape prevista de Scheer. Pero al amparo de la oscuridad, la flota alemana optó por cruzar la estela de Jellicoe y pudo atravesar la retaguardia y eventualmente regresar a la seguridad del puerto. Lo que ayudó a Scheer fue el hecho de que los alemanes estaban bloqueando las frecuencias británicas, y la mayoría de los barcos en la retaguardia de Jellicoe no pudieron informar sus encuentros separados con los alemanes durante la noche.

Por consiguiente, Jellicoe y sus comandantes, no se dieron cuenta de que los disparos y las explosiones que escucharon durante la noche provenía de los barcos alemanes rompiendo las líneas británicas. Creían que lo que estaban escuchando eran ataques de destructores alemanes. Hasta las primeras horas de la mañana, se produjo una caótica batalla naval. Los barcos se perdían en la oscuridad, cruzándose unos con otros repentina e inesperadamente, y ambas partes sufrieron pérdidas significativas. Varias flotillas de destructores británicos se enfrentaron a la flota de combate alemana durante la noche; cinco destructores británicos se hundieron, pero lograron torpedear al crucero ligero SMS *Rostock* (que se hundiría varias horas más tarde) y hacer explotar al SMS *Pommern* con toda su tripulación. El HMS *Southampton* sufrió graves daños, pero logró torpedear al SMS *Frauenlob* que también se hundió con toda la tripulación a bordo. Poco antes del amanecer, tres destructores británicos chocaron en medio del caos, y el acorazado alemán SMS Nassau embistió al destructor británico HMS *Spitfire*, pero ambos barcos sobrevivieron a la colisión y regresaron a sus respectivos puertos. Finalmente, a las 5:20 de la madrugada, la flota alemana de alta mar regresó a la seguridad de su puerto.

La batalla de Jutlandia no fue concluyente. Las pérdidas británicas fueron más numerosas que las de los alemanes, pero los alemanes no aprovecharon su ventaja porque la batalla alarmó tanto al Káiser (el rey de Alemania) como al Almirante Scheer hasta tal punto que tomaron la decisión de regresar a la seguridad del puerto, en lugar de detenerse y luchar. Quizás fue la reputación británica, en lugar de su poder de fuego superior, lo que hizo que el Almirante Scheer retrocediera cuando fallara su plan original. Al final de la batalla de Jutlandia, habían luchado durante 36 horas, se perdieron 14 barcos de la Gran Flota británica y 11 de la Flota alemana de alta mar, y un total de 9.823 marineros murieron en las heladas aguas del mar del Norte frente a Jutlandia. Los británicos habían sufrido pérdidas más graves que su contraparte alemana, pero lograron cortar el intento de la Flota Alemana de Alta Mar por la libertad y los persiguieron hasta el puerto donde los contuvieron durante el resto de la guerra.

Los británicos habían logrado su objetivo a largo plazo de impedir el acceso de los alemanes al Atlántico, y los alemanes nunca más desafiaron seriamente el control británico del mar del Norte. Pero debido a que el resultado de la batalla había sido indeciso, la amenaza de la armada alemana se mantuvo, y Gran Bretaña tuvo que mantener su flota de acorazados concentrada en el mar del Norte, sin poder usarla en otras áreas de la guerra. Sin embargo, la apresurada retirada de los alemanes a puerto confirmó el dominio naval británico. Reforzó su creencia de que eran los dueños del mar y que los alemanes no querían entablar contacto de flota a flota y una batalla a gran escala entre sus poderosos acorazados. Después de algunos intentos fallidos por parte de los alemanes de reducir el poder de la armada británica, se vieron obligados a admitir que su flota había sido confinada con éxito al puerto y posteriormente dedicaron sus esfuerzos y recursos a la guerra submarina sin restricciones y a la destrucción de rutas marítimas neutrales y aliadas. Este fue uno de los desencadenantes que llevó a los Estados Unidos a declarar la guerra a Alemania.

La batalla de Jutlandia fue el único verdadero choque de acorazados en la Primera Guerra Mundial y ha sido reconocida quizás como la batalla de superficie más grande en la historia naval debido a la cantidad de acorazados y cruceros de combate involucrados. También fue la última gran batalla naval en la historia mundial llevada a cabo principalmente por acorazados.

Capítulo Once – La Decadencia del Imperio Ruso

Mientras Francia y Gran Bretaña estaban empantanados en las trincheras del Frente Occidental, Rusia tenía sus propios problemas con los que lidiar. Después de la batalla de Tannenberg, el ejército ruso sufrió una serie de derrotas aplastantes y continuó en una espiral descendente, lo que finalmente condujo a una disminución de la moral entre las tropas y la población en general.

A finales de 1915, el Frente Oriental se extendía a más de 1.000 millas desde la costa báltica cerca de Riga hasta las costas ucranianas del mar Negro. A medida que el Frente Occidental se iba estancando, los alemanes estaban más decididos a asegurar la victoria en el Frente Oriental, y para fines de 1915, ellos, junto con sus aliados austrohúngaros, habían expulsado a los rusos de Polonia y Galicia.

En junio de 1916, los rusos lanzaron una gran contraofensiva diseñada para desviar a un número considerable de tropas alemanas del Frente Occidental y detener su ataque sobre Verdún. Una parte de esta campaña, la Ofensiva Brusilov, llamada así por el comandante Aleksei Brusilov, duraría del 4 de junio al 20 de septiembre de 1916 y resultó ser la mayor hazaña de las armas del el Imperio ruso en la Primera Guerra Mundial.

La ofensiva de Brusilov tuvo lugar en lo que hoy es el oeste de Ucrania, cerca de las ciudades de Lviv, Kovel y Lutsk, y fue una de las ofensivas más letales en la historia de la guerra. Brusilov utilizó efectivamente pequeñas unidades especializadas y ataques sorpresa para atravesar los puntos débiles de las líneas austrohúngaras, permitiendo que el resto del ejército avanzara. Este fue un cambio dramático en el estilo habitual de los ataques de las olas humanas rusas. Su éxito se basó en una combinación de buen liderazgo, tácticas sólidas y un compromiso inquebrantable de los rangos más bajos. La ofensiva de Brusilov fue el punto culminante de la participación rusa en la guerra. Desafortunadamente, el resto de la campaña rusa estuvo dominada por la indecisión, las líneas de suministro ineficaces, el equipo inadecuado y el uso de tácticas convencionales con un alto costo de vidas (se estimó que el número de muertos estaba cercano al millón), y esto destruyó cualquier posibilidad de victoria que los rusos pudieran haber tenido en la ofensiva de junio de 1916.

Si bien la ofensiva fue finalmente desastrosa para Rusia, sin embargo, ayudó a la causa aliada. La ofensiva coincidió con el ataque británico sobre el Somme, y estas dos acciones aliviaron algo de la presión sobre las tropas francesas en Verdún y en el Frente Occidental en su conjunto. La ofensiva también quebró la retaguardia del ejército austrohúngaro, y sus pérdidas estimadas fueron de aproximadamente 600.000 vidas. Después de la ofensiva de junio de 1916, el ejército austrohúngaro dependía cada vez más de Alemania para obtener apoyo y recursos militares, presionando más al ejército alemán que ahora luchaba para ganar la guerra casi sin ayuda.

Pero Rusia quedaría paralizada por la ofensiva y nunca más podría lanzar otro ataque en la misma escala durante la Primera Guerra Mundial. El costo financiero y humano de la campaña también contribuyó significativamente a la caída del Imperio ruso, ya que una Rusia debilitada política y militarmente continuó cayendo en el caos. El enorme costo de la Primera Guerra Mundial, tanto en términos de vidas como de recursos, combinado con el fracaso de la ofensiva general de junio de 1916 debilitó severamente al ya impopular gobierno del zar Nicolás II y contribuyó al surgimiento del comunismo y la eventual revolución rusa.

A principios de 1917, el gobierno ruso estaba en completo desorden, y Rusia estaba al borde del colapso. En marzo, estallaron disturbios y protestas generalizadas en Petrogrado, y al perder el apoyo del ejército, el zar Nicolás II se vio obligado a abdicar. Esto marcó el final del Imperio ruso y el gobierno de 304 años de la poderosa dinastía Romanov. Después de la abdicación del zar, se estableció un gobierno provisional inestable y, a pesar del colapso del gobierno zarista, Rusia continuó defendiendo el Frente Oriental.

El siguiente hito significativo en la desaparición de Rusia fue la Ofensiva de julio de 1917, también conocida como la Ofensiva Kerensky, otra fallida campaña militar rusa. La campaña fue planeada por el ministro de guerra ruso, Aleksándr Kerensky, tanto por razones políticas como militares. Kerensky creía que una victoria restablecería la disciplina al ejército ruso en desintegración y uniría al pueblo ruso detrás del gobierno provisional recién formado. El 1 de julio de 1917, el ejército ruso, una vez más bajo el mando del general Brusilov, atacó a las fuerzas alemanas a lo largo de un amplio frente en Galizcia. Inicialmente, tuvieron éxito, pero los soldados rusos, hambrientos, exhaustos y desmoralizados, pronto se negaron a abandonar las trincheras y luchar, y para el 16 de julio, la ofensiva se había derrumbado por completo. Los alemanes lanzaron una contraofensiva que se encontraría con poca resistencia.

El momento y la concepción de la ofensiva de Kerensky fueron desastrosos; demostrando cuánto se había desintegrado el ejército ruso y también hasta qué punto el gobierno provisional no había interpretado el estado de ánimo revolucionario del pueblo. La población rusa estaba cansada, hambrienta y desilusionada con la guerra. Había agotado los recursos del país, pero peor aún, había diezmado a su población. Después de la Revolución de febrero que depuso al zar, las demandas populares por la paz se habían vuelto más intensas, pero a medida que el gobierno provisional continuó honrando las alianzas hechas por el gobierno imperial, la disciplina militar se desintegró y aumentaron los disturbios

Finalmente, en noviembre de 1917, la población había sido llevada al borde, y los bolcheviques[6], a una facción del Partido Laborista Socialdemócrata ruso marxista, derrocaron al gobierno provisional, tomaron el control de Rusia y comenzaron a negociar un tratado de paz con Alemania. En marzo de 1918, una Rusia asediada y debilitada firmó el Tratado de Brest-Litovsk y puso fin a los combates en el Frente Oriental. Esto puede haber comprado un cierto grado de paz a la región, pero los términos del tratado eran duros y dieron a las potencias centrales el control de grandes cantidades de territorio en los Estados bálticos, Polonia y Ucrania

Rusia pudo haber hecho las paces con sus vecinos, pero no tenía paz en sus fronteras. Poco después de firmar el tratado de paz con Alemania, Rusia cayó en una sangrienta guerra civil. Este caos dejó al zar y a su familia, que habían sido arrestados después de la abdicación, en una posición precaria, y fueron detenidos en varios lugares del país. Los

---

[6]Museo Nacional del Ejército, Batalla del Somme, https://www.nam.ac.uk/explore/battle-somme

bolcheviques, temiendo que los imperialistas se unieran a la familia real para reafirmar su poder, ordenaron la ejecución de los Romanov el 17 de julio de 1918 en Ekaterimburgo. Esta orden casi con certeza la dio el líder bolchevique Vladimir Lenin.

La participación de Rusia durante tres años y medio en la Primera Guerra Mundial tuvo un alto precio. La lucha en el Frente Oriental se había cobrado la vida de entre tres y cuatro millones de soldados e innumerables civiles, había destruido la dinastía Romanov y había dejado a Rusia en tal agitación política y social que finalmente condujo al surgimiento del comunismo.

Vladimir Lenin y Alexander Bogdánov quienes fundaran el partido bolchevique, en 1903, eran los líderes de la clase obrera revolucionaria en Rusia, que finalmente se convertiría en el Partido Comunista de la Unión Soviética. El nombre bolchevique significa "uno de la mayoría". Los bolcheviques obtuvieron un creciente apoyo de los trabajadores y soldados urbanos rusos durante la Primera Guerra Mundial, y esto les permitió derrocar al gobierno provisional ruso en noviembre de 1917.

Capítulo Doce - La Batalla de Verdún

La batalla de Verdún, que se libró en las colinas al norte de Verdún-sur-Meuse, se prolongó del 21 de febrero al 18 de diciembre de 1916. Esta fue la batalla más larga, costosa y más grande de la Primera Guerra Mundial. De hecho, ninguna batalla en la historia de la guerra moderna había durado tanto ni había causado una miseria y sufrimiento tan prolongados como la batalla de Verdún.

Para cuando los aliados y los alemanes se enfrentasen en Verdún, la guerra, que muchos habían pensado que terminaría en la Navidad de 1914, se había estado librando lentamente durante casi dos años sin un final a la vista. La batalla fue concebida y planeada por el Jefe del Estado Mayor alemán, Erick von Falkenhayn, con el objetivo de asegurar finalmente la victoria de los alemanes en el Frente Occidental. Von Falkenhayn tenía la intención de aplastar a la 96a división francesa antes de que fueran reforzados por el despliegue completo de las fuerzas británicas, ya que sería casi imposible para los británicos continuar luchando en el frente occidental sin el apoyo de los franceses.

Von Falkenhayn creía que la guerra se ganaría o perdería en Francia, y sentía que una guerra de desgaste era la mejor esperanza de una victoria para Alemania. Escribió al Káiser Guillermo II expresándole su opinión de que, si bien Gran Bretaña era la más formidable de las potencias aliadas, no podía ser atacada directamente, y su posición en el Somme no se prestaba a una ofensiva frontal a gran escala. Creía que la única forma de derrotar a los británicos era derrotar a sus aliados. Según Falkenhayn, Rusia y el Frente Oriental ya no representaban mayor amenaza, y el Frente italiano no iba a desempeñar un papel importante en el resultado de la guerra, por lo que quedaba Francia como el objetivo más importante.

La antigua ciudad fortaleza de Verdún no fue una elección al azar para la batalla. Von Falkenhayn eligió este sitio con cuidado y consideración porque quería hacer una afirmación. Él creía que la clave para derrotar a Francia no estaba en romper sus líneas sino en atacar un objetivo al que los franceses se sentirían obligados a defender hasta el final. Quería derrotar a los franceses en un lugar donde se unieran la necesidad estratégica y el orgullo nacional. La legendaria ciudadela de

Verdún en el río Mosa le ofrecía a von Falkenhayn exactamente lo que estaba buscando, un punto sobresaliente de las defensas francesas.

Perder Verdún no solo habría puesto a los franceses en una desventaja estratégica; también habría sido un gran golpe psicológico y moral. Verdún era una ciudadela de inmensa importancia nacional para los franceses, ya que a lo largo de muchos siglos desempeñó un papel crucial en la defensa de Francia. Después de la Guerra Franco-Prusiana de 1870, los franceses construyeron una cadena de defensas a lo largo de su frontera con Alemania, y Verdún era la fortaleza más al norte de esta cadena. El plan de batalla de Von Falkenhayn requería que los alemanes tomaran el terreno elevado y luego usaran más de 1.200 piezas de artillería en una serie continua de avances limitados para atraer las reservas francesas a la máquina de matar de la artillería alemana y destruirlas al tiempo que minimizaba la exposición de los Infantería alemana para combatir y limitar las bajas alemanas.

Los alemanes comenzaron a prepararse para su ataque sobre Verdún en enero de 1916, pero afortunadamente para los franceses, el 11 de febrero de 1916. un oficial de inteligencia descubrió la concentración de tropas alemanas en la orilla derecha del río Mosa. Hasta entonces, los franceses se habían concentrado en planear su propia ofensiva contra los alemanes, y de repente tuvieron que centrar toda su atención en defender Verdún. Durante los siguientes diez días, los oficiales franceses bajo el mando del general Joffre, el vencedor de Marne, organizaron una cadena de suministro motorizada a una escala sin precedentes y utilizaron más de 3.000 camiones para mover a Verdún materiales, suministros, miles de tropas y decenas de armas para para repeler el ataque alemán que ya se preveía. Sus apresurados preparativos para fortalecer sus defensas en Verdún se completaron justo a tiempo.

La batalla de Verdún comenzó en la mañana del 21 de febrero de 1916, con un intenso bombardeo sin precedentes de la artillería de diez horas y el avance constante de la 5ª armada alemana. Al final del primer día, los alemanes ocuparon el Bois d'Haumont y penetraron las líneas defensivas francesas. Al día siguiente, la aldea de Haumont fue arrasada por fuego de artillería, y el 23 de febrero, las aldeas de Brabant-sur-Meuse, Wavrille y Samogneux habían caído ante los alemanes. En tres días, los alemanes habían invadido la primera línea de las defensas francesas, y miles de tropas francesas, ubicadas en posiciones insostenibles, se perdieron. Cuando los franceses se vieron obligados a retroceder, cedieron bajo el intenso asalto alemán, pero sus líneas no se quebraron por completo, y finalmente lograron usar su artillería para detener parte del avance alemán en Samogneux.

Pero aún así, los alemanes siguieron adelante, y el 24 de febrero tomaron Beaumont, el Bois des Fosses y los Bois des Caurieres, y avanzaron hacia Douaumont. Solo cinco días después de la batalla, las fuerzas alemanas bajo el príncipe heredero Guillermo, el hijo mayor del Káiser Guillermo, capturaron el Fuerte Douaumont, el más grande y más alto de los diecinueve fuertes que protegen Verdún. En este momento, la batalla parecía inclinarse del lado de los alemanes, y los franceses se encontraban bajo una gran presión, pero aún así se mantuvieron firmes y lucharon con uñas y dientes para defender a Verdún.

Después de la caída de Douaumont, el general Joffre fue reemplazado por el general Philippe Pétain. Fue en este momento cuando las cosas comenzaron a desmoronarse para los alemanes, no por el liderazgo de Pétain, sino porque el Príncipe Heredero Guillermo y su estado mayor se desviaron del plan cuidadosamente planificado por von Falkenhayn. Animado por el éxito, el Príncipe Heredero Guillermo cambió de estrategia y comprometió al 5º Ejército alemán en una acción ofensiva más grande. La ganancia de terreno, en lugar de objetivos estratégicos, ahora era la prioridad de los alemanes, y para finales de febrero, las bajas en ambos lados estaban aumentando, pero se estaba avanzando poco. Se sacrificaron miles de vidas de ambos lados para ganar poco más que unos pocos cientos de pies.

El general Philippe Pétain, que tenía una merecida reputación como un gran maestro de la defensa, trajo un nuevo ejército, el 2º Ejército francés, para que luchara en Verdún. Pétain tenía la formidable tarea de mantener la orilla derecha del Mosa. Los comandantes franceses sabían que, si se perdía la orilla este del Mosa, entonces se perdería todo. Si no podían mantener esta posición estratégica, entonces no podrían mantener Verdún. Y si Verdún caía, el efecto sobre la moral sería catastrófico, y los líderes franceses dudaron de que la nación sobreviviera al golpe.

El primer movimiento de Petain no fue enviar a sus tropas a las trincheras vulnerables del frente, sino organizarlas para defender una serie de puntos fuertes que se apoyarían mutuamente. Rotó periódicamente las unidades a lo largo de las líneas del frente asegurándose de que sus tropas no pasaran largos períodos en el extremo crudo del frente. Petain también aumentó considerablemente el número de piezas de artillería en Verdún y sometió a los alemanes a los mismos niveles de bombardeo que los franceses habían estado sufriendo. Y así, la batalla de Verdún continuó mes tras mes sin que ninguna de las partes pudiera convertir sus éxitos en una victoria definitiva. Retrocediendo, avanzando, la batalla seguía y seguía. Los alemanes tomaban las aldeas un día solo para perderlas días después. La batalla se había convertido en un sangriento estancamiento de ataque y contraataque.

Una de las claves para la supervivencia de los franceses en Verdún fue su capacidad para mantener a sus tropas abastecidas con municiones y otros suministros vitales. A pesar del constante bombardeo pesado, los franceses pudieron mantener abierta la carretera única hacia Verdún, llamada "Voie Sacree" o Camino Sagrado, y el frente provisto de elementos esenciales. El 6 de marzo, los alemanes reanudaron una vez más su ofensiva y atacaron la orilla oeste del Mosa, pero este no rompió el estancamiento, y pronto ambos bandos se empantanaron nuevamente en sus trincheras. Para agregar a la miseria, las condiciones empeoraron cuando una lluvia persistente caería durante marzo y abril, convirtiendo el campo de batalla en un lodazal. A finales de abril, el general Robert Nivelle tomó el control de las fuerzas francesas de Pétain y comenzó una contraofensiva a gran escala. Esto permitió a los alemanes volver al plan original de von Falkenhayn, pero era demasiado tarde para que la estrategia se implementara con éxito. A principios de junio, los alemanes tomaron Fort Vaux, pero este resultaría ser su último ataque exitoso en Verdún. A medida que cada ejército continuaba luchando para obtener alguna ventaja, los preparativos para la ofensiva en el Somme presionaban a ambos banos para empujarlos a una resolución precipitada y concluyente.

Para el 15 de junio, 66 divisiones (aproximadamente el 75%) del ejército francés habían participado de alguna acción en Verdún. Los alemanes solo habían usado 43 divisiones. Las armas francesas habían disparado más de diez millones de rondas de artillería de campo, y, sin embargo, a pesar de este enorme gasto de recursos y la horrible pérdida de vidas, era poco lo que había cambiado en el frente, y ninguno de losbanos había logrado ganancias significativas. Para el verano de 1916, cuando los británicos lanzaron una ofensiva en el Somme, combinada con la ofensiva rusa de Brusilov, la marea comenzó a cambiar a favor de los franceses, ya que los alemanes se vieron obligados a redirigir a las tropas para hacer frente a estas nuevas amenazas.

El 2º Ejército francés finalmente ganó la superioridad en la artillería, y esto permitió a Nivelle lanzar un contraataque y recuperar el terreno perdido. En septiembre, el general Charles Mangin, un talentoso estratega que mantenía la línea defensiva francesa desde Fleury hasta la orilla derecha del Mosa, propuso un plan a Nivelle que esperaba liberaría a Verdún. El 21 de octubre, los franceses iniciaron su ofensiva final. El ataque comenzó con un bombardeo de artillería a través de un amplio frente seguido de un asalto de la infantería con tres divisiones avanzando detrás de una andanada de artillería, una táctica por la cual se disparaban proyectiles de artillería justo delante de las líneas de avance para ayudar aque siguiera adelante. En la tarde del 24 de octubre, los franceses habían retomado Douaumont, y para el 2 de noviembre, también retomaría el fuerte en Vaux.

Para explotar su éxito, los franceses planearon un ataque para el 5 de diciembre con la intención de retomar toda la segunda línea francesa que se había perdido al principio de la batalla. Los preparativos para el ataque comenzaron el 29 de noviembre con una descarga de 750 cañonazos. Sin embargo, el mal tiempo puso fin a este asalto, retrasando el ataque francés y terminando efectivamente su elemento sorpresa. Esto les dio a los alemanes la oportunidad de lanzar un contraataque agresivo el 6 de diciembre. Afortunadamente para los franceses, el 9 de diciembre, cambiaría el clima y lo que siguió fue un duelo de artillería entre los dos ejércitos.

A las 10:00 de la mañana del 15 de diciembre, comenzó el enfrentamiento final de la batalla de Verdún, pero los alemanes lanzaron su contraataque unos minutos vitales demasiado tarde, y cuatro divisiones francesas pudieron atacar sus líneas. Al anochecer, los franceses habían capturado y destruido 115 armas alemanas, y más de 9.000 hombres habían sido hechos prisioneros. Este combata, más tarde conocido como la batalla de Louvemont, terminaría el 18 de diciembre con la captura de Chambrettes. Esta marcó el final de la batalla de Verdún.

A través del manejo estratégico de tropas y el uso efectivo de nuevas tácticas, basadas en secciones especializadas de infantería armadas con ametralladoras ligeras, granadas de fusil, morteros y ametralladoras ligeras, combinadas con una logística eficiente y la resistencia de los hombres en las trincheras, los franceses finalmente habían asegurado la victoria. Pero tuvo un costo tremendo. Los alemanes sufrieron más de 330.000 bajas, y los franceses perdieron aproximadamente 370.000 entre muertos y heridos.

También el paisaje de la zona se ha modificado para siempre, y nueve aldeas: Beaumont, Bezonvaux, Cumieres, Douaumont, Fleury, Haumont, Louvemont, Ornes y Vaux, fueron completamente destruidas. Un área que cubre 170 kilómetros cuadrados (65 millas cuadradas) en la cresta de Verdún se declaró zona roja debido a la presencia de municiones sin explotar (bombas sin explotar o restos explosivos de guerra), y se estima que quedaron más de diez millones de proyectiles alrededor de Verdún después que terminara la batalla. Todavía se están retirando del área anualmente cuarenta toneladas de municiones sin explotar.

La batalla de Verdún también tuvo serias consecuencias estratégicas para el resto de la guerra. El plan aliado había sido derrotar a los por medio de una serie de ataques coordinados a gran escala conocidos como el "Gran Empuje", pero la Batalla de Verdún había infligido un enorme daño al ejército francés, reduciendo drásticamente su número de hombres de combate. Esto significaba que, en última instancia, Gran Bretaña tendría que liderar el "Gran Empuje" en el Frente Occidental.

La batalla de Verdún fue una de las batallas más largas, sangrientas y feroces de la guerra, y para cuando terminara, había diezmado a los ejércitos alemán y francés. Pero la pérdida fue mucho mayor que la de franceses, y las cicatrices de la batalla en la psiquis nacional francesa todavía se pueden sentir hasta el día de hoy. Los franceses nunca olvidarán los sacrificios que hicieron para retener Verdún.

Capítulo Trece - La Batalla del Somme

A principios de 1916, los aliados habían tenido poco éxito en el frente occidental, y la guerra se había empantanado en un fangoso impasse de guerra de trincheras. En un intento por romper el estancamiento, los Aliados desarrollaron un plan para un "Gran Empuje" en el Frente Occidental para que coincidiera con los ataques rusos en el Frente Oriental. No eligieron el punto más estratégico desde el cual lanzar su ataque, sino un punto en la línea aliada donde se reunirían los ejércitos francés y británico. Y así se concibió la batalla del Somme.

El plan inicial, propuesto por los franceses a principios de 1916, requería que el ejército francés liderara una ofensiva franco-británica a ambos lados del río Somme. Serían apoyados por el 4º Ejército de la Fuerza Expedicionaria Británica, pero cuando los alemanes atacaron en Verdún, los franceses se vieron obligados a desviar muchas de sus divisiones, y el ataque principal en el Somme quedó en manos de los británicos bajo el mando del general Sir Douglas Haig. El plan de Haig consistía en que la fuerza británica más grande se abriera paso en el centro mientras el ejército francés más pequeño haría ataques de distracción.

A las 7:30 de la mañana del 1 de julio de 1916, comenzó la batalla del Somme, y durante 141 días (del 1 de julio al 18 de noviembre de 1916), a lo largo de un tramo de 25 millas (40 km) a ambos lados de los tramos superiores del río Somme en Francia, los aliados y los alemanes libraron una guerra de desgaste, que muy pronto se convertiría en una de las batallas más sangrientas de la guerra. De los aproximadamente tres millones de hombres que lucharon en los fangosos campos de batalla, más de un millón murieron o fueron heridos.

La batalla del Somme comenzó cuando catorce divisiones de infantería del 4º ejército británico y cinco divisiones del ejército francés, bajo el mando del general Ferdinand Foch, lanzaran su ataque contra el 2º ejército alemán. Antes del primer asalto en el frente alemán, a partir del 24 de junio, los británicos bombardearían las trincheras alemanas durante siete días seguidos, disparando más de 1.5 millones de proyectiles. Haig esperaba que el bombardeo aniquilara las defensas alemanas y destruyera sus armas, permitiendo a los británicos después que corrieran y ocupan sus trincheras. Con este fin, después del intenso bombardeo, los británicos ordenaron a 100.000 hombres que pasaran por encima. Fue un rotundo desastre.

Los británicos sobreestimaron la efectividad de su potencia de fuego. Los alemanes se habían refugiado en lo profundo de sus trincheras, y las armas aliadas se habían expandido demasiado para lograr su objetivo; de modo que el bombardeo de artillería no logró arrasar con todas las armas alemanas. A medida que los soldados británicos avanzaban, los alemanes tomaban represalias y los derribaban con ametralladoras. El primer día del Somme resultó en 57.470 bajas británicas, de las cuales 19.240 fueron muertes, convirtiéndolo así en el día más sangriento en la historia del ejército británico. Este es un número de bajas mayor que del que sufrieran en un día los británicos en comparación con las guerras de Crimea, Anglo-Boer y Corea. Afortunadamente, los franceses, después de haber aprendido algunas lecciones valiosas en Verdún, tuvieron más éxito. El 6º Ejército francés pudo infligir grandes pérdidas a los alemanes y solo sufrió 1.590 bajas. Después del primer día, se negociaron varias treguas para que ambas partes pudieran recuperar a sus muertos de la tierra de nadie. A pesar de este horrendo comienzo de la campaña británica en el Somme, Douglas Haig continuaría con el ataque.

Después del 1 de julio, a pesar de algunos avances logrados por las fuerzas aliadas, la batalla del Somme se convirtió en otra larga y sangrienta batalla de desgaste tan típica de la Primera Guerra Mundial. Los ataques continuarían durante todo el verano, y al final de la campaña, la ofensiva de Somme incluiría trece batallas separadas.

Después del desastroso primer día, los británicos hicieron una serie de pequeños ataques durante un lapso de dos semanas. El progreso fue lento y las pérdidas fueron altas, pero mantuvieron a los alemanes bajo una presión cada vez mayor y los obligaron a desviar tropas y armas de Verdún para reforzar sus líneas en el Somme. El 14 de julio, los británicos atacaron la Cresta Bazentin. Las armas cayeron sobre las líneas enemigas, ya que, al amparo de la oscuridad, los soldados británicos se reunieron en tierra de nadie y se prepararon para un asalto masivo al amanecer. Cuando salió el sol, los británicos atacaron, sorprendiendo a los alemanes; pudiendo avanzar en territorio enemigo y tomar la aldea de Longueval.

El 15 de julio, 3.000 soldados de la primera brigada sudafricana ocuparon Delville Wood (más tarde conocido como el Bosque del Diablo por aquellos que lucharon allí), un objetivo militar clave en el Somme. Los alemanes lanzaron una serie de brutales ataques sobre el bosque, bombardeando el área ferozmente con artillería y ametralladoras, pero los soldados sudafricanos conservaron el terreno. Incluso cuando el mal tiempo convirtió el bosque en algo más que una tumba fangosa, aun así, se negaron a retirarse, y cuando fueron relevados cinco días después, de los 3.000 hombres que eran al principio, solo quedaban en pie 143.

Hacia finales de julio, las tropas aliadas recibieron refuerzos del Primer Cuerpo del Anzac. Junto con los británicos, asaltaron el pueblo de Pozieres, pero se encontraron con feroces contraataques alemanes. La batalla continuaría durante seis semanas, durante las cuales intentarían alcanzar su objetivo sin lograrlo. Australia sufrió 12,000 bajas, pero los aliados no ganaron ningún terreno.

El 15 de septiembre, en la Batalla de Flers-Courcelette, los británicos lanzaron su nueva arma secreta sobre el enemigo, el Tanque Mark 1. Esta fue la primera vez que se usaron tanques en una batalla, pero todavía estaban en las primeras etapas de desarrollo, y muchos se rompieron. De los 48 tanques, solo 21 entraron en batalla, y aunque los británicos pudieron tomar High Wood, las tropas estaban demasiado agotadas para avanzar más, y los Aliados una vez más no lograron un avance significativo.

A pesar de haber logrado dos avances sustanciales en septiembre, Morval y el Risco Thiepval el "Gran Empuje" realmente no estaba yendo a favor de Gran Bretaña. El deterioro del clima en octubre significó que las tropas aliadas se atascaran nuevamente en campos de batalla enlodados, y la batalla contra los elementos se volvió tan importante como la batalla contra el enemigo. Los hombres estaban exhaustos, y cada batalla minaba sus fuerzas y costaba más vidas. A mediados de noviembre, los británicos lanzaron lo que sería su batalla final en el Somme, la batalla de Ancre. Aquí, el bombardeo progresivo se utilizó con gran efectividad, y las fuerzas británicas pudieron asaltar las defensas alemanas y tomar Beaucourt.

A pesar de este éxito, al final de la batalla de Ancre, los británicos se dieron cuenta de la inutilidad de continuar con la batalla del Somme. No estaban haciendo el avance deseado, por lo que el general Haig hizo un llamado para poner fin a la ofensiva. En 141 días de feroces combates, los Aliados solo habían avanzado 7 millas (12 km), y les había costado 420.000 bajas. Los franceses habían sufrido 200.000 bajas, y al menos 450.000 alemanes murieron o fueron heridos. Esta fue realmente una batalla de desgaste, la inútil matanza de hombres jóvenes aptos.

El Somme fue descrito por un oficial alemán, el capitán von Hentig, como "la tumba fangosa del ejército de campo alemán", y un soldado alemán no identificado dijo lo siguiente sobre la batalla: "la tragedia de la batalla de Somme fue que los mejores soldados, los hombres más valientes se perdieron; su número se podrá reemplazar, pero nunca su valor espiritual".

En Thiepval hoy hay un monumento a los desaparecidos, y en él están grabados los nombres de 72.085 soldados británicos que murieron allí pero no tienen tumbas conocidas. Una vez este fue el lugar de un hermoso castillo y un pintoresco pueblo francés, pero nada de eso permanece, y ahora su legado es el sitio de amargas luchas. El monumento es un claro recordatorio del desastroso primer día de la batalla del Somme, pero no muy lejos, en el lugar del castillo, hay un obelisco que conmemora la captura de Thiepval el 27 de septiembre de 1916. Y aunque el Somme es recordado como una campaña inútil e infructuosa, no fue una pérdida total para los Aliados. A pesar de los altos costos, de la devastación srgiría un ejército británico más profesional y eficiente, y muchas de las tácticas desarrolladas en el Somme, incluyendo el bombardeo progresivo y la guerra de tanques, sentaron las bases para el éxito aliado en 1918. La batalla del Somme también logró otro objetivo muy importante: aliviar la presión sobre los franceses en Verdún.

Cronología de las Batallas que Integraron la Batalla del Somme

Primera Fase

    1-13 de julio: Batalla de Albert

    14-7 de julio: Batalla de la Cresta de Bazentin

    19-20 de julio: Batalla de Fromelles

Segunda Fase

    14 de julio-15 de septiembre: Batalla de Bosque de Delville

    23 de julio-7 de agosto: Batalla de Pozieres

    3-6 de septiembre: Batalla de Guillemont

    9 de septiembre: Batalla de Ginchy

Tercera Fase

    15-22 de septiembre: Batalla de Flers-Courcelette

    25-28 de septiembre: Batalla de Morval

    26-28 de septiembre: Batalla de la Cresta Thiepval

    1º de octubre-11 de noviembre: Batalla de las Crestas Transloy

    1º de octubre-11 de noviembre: Batalla de las Alturas de Ancre

    13-18 de noviembre: Batalla de Ancre

Capítulo Catorce –Los Estados Unidos se Unen a la Guerra

Europa había sido catapultada a la guerra en 1914 con poco o ningún tiempo para considerar las implicancias o las consecuencias. Por otro lado, Estados Unidos, debatió el asunto durante dos años y medio antes de entrar en la refriega. Al estallar la guerra, Woodrow Wilson había rogado a todos los estadounidenses que permanecieran neutrales tanto en pensamiento como en hechos, y al principio, hicieron exactamente eso. Adoptaron una política de neutralidad y aislamiento que duraría hasta abril de 1917.

Existían muchas razones políticas y sociales por las que Estados Unidos quería permanecer neutral o, al menos, no involucrarse activamente en el conflicto. Woodrow Wilson había ganado la reelección en noviembre de 1916 con el lema de campaña, "Él nos mantuvo fuera de la guerra". Además de tener razones ideológicas para mantenerse fuera del conflicto, los estadounidenses nacidos en Alemania y Austria también siguieron siendo leales a sus países de origen, y los influyentes estadounidenses irlandeses se oponían firmemente a luchar junto a lo que percibían como el opresivo Imperio británico.

Woodrow Wilson, un estudiante de historia moderna, sabía muy bien que las causas de la guerra no eran blancas y negras y que la situación en Europa era complicada. No creía que sería ventajoso para Estados Unidos tomar partido, y mientras los intereses de Estados Unidos no estuvieran amenazados y el comercio pudiera continuar sin obstáculos, Wilson no veía ninguna razón para involucrarse en lo que era, según su forma de pensar y la de sus partidarios, esencialmente un problema europeo. La neutralidad de Estados Unidos se extendió a una política de "equidad", lo que significa que, en los papeles, los bancos estadounidenses podían prestar dinero a ambos bandos, y estaba permitido comerciar con los Aliados y los alemanes. Y en septiembre, el primer Barco Hospital de la Cruz Roja Americana fue enviado a Europa con personal médico y suministros. Sin embargo, parecer neutral y ser neutral no era lo mismo, y el bloqueo británico de los puertos alemanes hizo que el comercio con Alemania fuera casi imposible.

Si bien al principio, Estados Unidos podía haber permanecido fuera del campo de batalla, no permanecieron totalmente indemnes o no se involucraron, y sufrieron sus primeras bajas el 7 de mayo de 1915, cuando 128 hombres, mujeres y niños estadounidenses se ahogaron después de que un submarino alemán torpedeara al trasatlántico *Lusitania*. Cuando esto sucedió, el expresidente Theodore Roosevelt condenó a Wilson y a su política de neutralidad, llamando a Estados Unidos a entrar en la guerra del lado de los Aliados. Pero su llamado a la acción no tuvo éxito. Sin embargo, algunos estadounidenses ya no podían ignorar la escaldaa de destrucción y devastación que tenía lugar en los campos de batalla de Europa y se alistaron para luchar en Francia más de un año antes de que Estados Unidos se uniera a la guerra. El 31 de agosto de 1916, Henry Butters se convertiría en la primera víctima estadounidense de la Primera Guerra Mundial cuando fuera muerto en el Somme mientras luchaba por los Aliados.

A principios de 1917, se sucedieron una cadena de acontecimientos que forzaría la mano de Estados Unidos y los llevarán a la guerra. El 9 de enero de 1917, después de ser golpeado en el Somme, Alemania, por temor a no poder ganar la guerra por medios convencionales, anunció que reanudaría la guerra submarina sin restricciones. Esto no constituía una amenaza directa contra Estados Unidos, sino más bien un intento de derrotar a Gran Bretaña cortando sus líneas de suministro del Atlántico; sin embargo, indirectamente, amenazaba la seguridad de los ciudadanos estadounidenses, especialmente de los navegantes. Como resultado, Washington cortó los lazos diplomáticos con Berlín. Luego, en marzo de 1917, un telegrama alemán, interceptado y descodificado por la inteligencia británica, fue enviado por el ministro de Relaciones Exteriores alemán, Arthur Zimmerman, al presidente mexicano, sugiriéndole una alianza militar entre los dos países, a cambio de su apoyo en la guerra. Si Alemania ganaba, México recuperaría Texas, Arizona y Nuevo México. Cuando este telegrama se hizo público, produjo una indignación generalizada entre el público y los políticos por igual. A medida que la guerra se acercaba a sus puertas, Estados Unidos ya no podía darse el lujo de no participar, y pusieron fin a su política de aislamiento y neutralidad.

El 2 de abril de 1917, el presidente Woodrow Wilson solicitó ante una sesión conjunta del Congreso declarar la guerra a Alemania. El 4 de abril, el Senado votó a favor de declarar la guerra, y dos días después, la

Cámara de Representantes estuvo de acuerdo. El 6 de abril de 1917, después de años de permanecer fuera del conflicto, Estados Unidos se encontró oficialmente en guerra con Alemania, y en cuestión de semanas, las primeras tropas estadounidenses, comandadas por el general John J Pershing, fueron enviadas a Francia.

Al estallar la Primera Guerra Mundial, Estados Unidos no tenía un gran ejército permanente, pero con la declaración de guerra, hubo un estallido de entusiasmo a favor de la guerra, y en unos pocos meses, se había movilizado un enorme ejército estadounidense. Muy pronto, la Fuerza Expedicionaria Americana (FEA) llegó al Frente Occidental a razón de 10.000 hombres por día, y las tropas aliadas, cansadas de la guerra, acogieron con entusiasmo estos refuerzos. Las nuevas tropas fortalecieron en gran medida las posiciones estratégicas aliadas e hicieron que subiera la moral. Finalmente, casi dos millones de soldados estadounidenses cruzarían el Atlántico para luchar junto a los Aliados en los campos de batalla de Europa.

Pero no solo fueron botas en el terreno lo que ganaron los Aliados cuando Estados Unidos se unió a la guerra. Estados Unidos también hizo una contribución importante en términos de materias primas, armas y suministros muy necesarios. Antes de que Estados Unidos entrara en guerra, los Aliados estaban comprando suministros a un costo de más de 75 mil millones de dólares por semana, pero después de abril de 1917, ya no tuvieron que pagar esta cantidad exorbitante, y esto posiblemente salvó a Gran Bretaña y Francia de la bancarrota. Los barcos estadounidenses también ayudaron a reforzar la fuerza del bloqueo naval a Alemania.

Capítulo Quince - Los Últimos Días de la Guerra y el Tratado de Versalles

La Ofensiva de los Cien Días, librada del 8 de agosto al 11 de noviembre de 1918, fue la ofensiva final de la Primera Guerra Mundial. La batalla de Amiens marcó el comienzo del fin de la guerra. El ataque, liderado por el 4º ejército británico con hombres de 10 divisiones aliadas y más de 500 tanques, atravesó las líneas alemanas y, al final del día, se abrió una brecha de 15 millas (24 km) en las líneas alemanas. Al sur del Somme. El pánico sembrado por el ataque de tanques y el colapso de la moral alemana llevó al general Erich von Ludendorff a referirse a la batalla como "el día negro del ejército alemán".

Durante los primeros tres días los Aliados lograron ganar 12 millas (19 km), y su avance solo se ralentizó porque las tropas sobrepasaron su artillería de apoyo y las líneas de suministro. El 10 de agosto, los alemanes comenzaron a retroceder hacia la Línea Hindenburg, una línea defensiva alemana desde Arras hasta Laffaux cerca de Soissons en el Aisne. El 21 de agosto, Haig lanzó una nueva ofensiva en Albert y logró hacer retroceder con éxito al 2º Ejército alemán a un frente de 34 millas (55 km). Luego, los franceses ganaron la segunda batalla de Noyon y capturaron la ciudad de Noyon el 29 de agosto, también Bapaume caería el mismo día. Con la línea del frente rota, los aliados obligaron a los alemanes a retroceder a la Línea Hindenburg.

El 29 de septiembre de 1918, los Aliados lanzaron su ataque central sobre la Línea Hindenburg, y ese mismo día, el mariscal de campo Paul von Hindenburg y el general Erich Ludendorff informaron al Káiser Guillermo II que la guerra se había perdido y que deberían comenzar las negociaciones por la paz. Para el 5 de octubre, los Aliados habían quebrado la Línea Hindenburg, y el 8 de octubre colapsaría, y el Alto Mando alemán se vio obligado a aceptar que la guerra había terminado, ya que Alemania estaba al borde del colapso.

Para octubre de 1918, hubo deserciones en masa de las filas, ya que los soldados alemanes exhaustos y desmoralizados se negaron a seguir luchando. En noviembre, cuando se ordenó a la Flota de Alta Mar lanzar un ataque masivo contra la Armada Real, pero la tripulación se amotinó.

En Munich, un grupo de socialistas y anarquistas tomaron el poder, y pronto Dusseldorf, Stuttgart, Leipzig, Halle, Osnabrück y Colonia quedaron en manos de los Consejos de Trabajadores y Soldados, y el Káiser Guillermo II se vio obligado a abdicar y huir de Alemania.

Aunque en septiembre de 1918 la derrota de Alemania era inevitable, la lucha continuaría hasta el amargo final, y lamentablemente el último soldado muerto en la Primera Guerra Mundial sería Henry Gunther, un soldado estadounidense que murió un minuto antes de que entrara en vigor el armisticio. Justo después de las 5 de la madrugada. El 11 de noviembre, se firmó el armisticio entre los Aliados y Alemania en Compiegne, Francia. En la undécima hora del undécimo día del undécimo mes de 1918, después de más de cuatro años de sufrimiento, horror y miseria indecible, los clarines en toda Europa anunciaron el final de una guerra devastadora que había dejado diez millones de soldados muertos, y las armas finalmente se acallaron en Europa. Por fin, la guerra que acabaría con todas las guerras había terminado.

En enero de 1919, la Conferencia de Paz de París se convocó en Versalles para establecer los términos de paz después de la rendición de las Potencias Centrales. Casi treinta naciones estuvieron presentes en la Conferencia de Paz de París, pero los procedimientos estuvieron dominados por los "Cuatro Grandes", a saber, Gran Bretaña, Francia, Estados Unidos e Italia. Llamativamente, Rusia estuvo ausente en la conferencia. Aunque Rusia había luchado del lado de los Aliados hasta marzo de 1918, cuando el gobierno bolchevique firmó el Tratado de Brest-Litovsk con Alemania para poner fin a la lucha en el Frente Oriental, los Aliados creían que habían perdido su lugar en la mesa de la paz. También se negaron a reconocer al nuevo gobierno bolchevique, los que no fueron invitados a la Conferencia de Paz de París. Las potencias centrales también fueron excluidas a pesar de que lo que se estaba decidiendo era su destino. Los franceses y los británicos pidieron que Alemania fuera sometida a duras medidas punitivas. No solo querían castigar a Alemania, sino que también querían paralizar el país y evitar que Alemania volviera a entrar en guerra con ellos.

El Tratado de Versalles estableció los términos de la rendición alemana y los compromisos alcanzados en la conferencia. Estos incluían la formación de la Sociedad de Naciones, reparaciones y el cumplimiento de acuerdos preexistentes con respecto a la distribución de territorios de la posguerra en Europa. Aunque alrededor de la mesa de negociaciones solo estaban las Potencias Aliadas, las discusiones a menudo se volvían muy tensas cuando cada país llegaba a la conferencia con su propia agenda. Gran Bretaña y Francia habían luchado lado a lado durante cuatro años con Italia, eque había entrado en la refriega un año después, y como Estados Unidos solo había entrado en 1917, no estaban obligados por ningún acuerdo preexistente entre las Potencias Aliadas.

El primer orden del día fue dividir el territorio alemán, y dentro de los términos del tratado, el nuevo gobierno de la República de Weimar tuvo que entregar aproximadamente el 10% de su territorio anterior a la guerra en Europa y todas sus propiedades en el extranjero. El puerto de Danzig y el Sarre rico en carbón serían administrados por la Liga de las Naciones. Esto permitiría a Francia explotar los recursos económicos de la región hasta 1935. En el este, Alemania perdió la Alta Silesia, una gran parte de Prusia Oriental y Memel. Esta disposición sorprendió a los alemanes, ya que habían imaginado que sus fronteras volverían al estado anterior a la guerra, y no les fue mucho mejor en el oeste, ya que el Saar estaría bajo el control de la Liga de las Naciones durante quince años. La orilla izquierda del Rin fue desmilitarizada permanentemente, se prohibió el Anschluss (anexión) de Austria, y toda Renania estaría ocupada durante quince años. Eupen-Malmedy, una pequeña región predominantemente de habla alemana en la frontera entre Bélgica y Alemania fue entregada a Bélgica. El presidente Wilson se opondría a muchas de las redistribuciones territoriales que las potencias aliadas querían hacer cumplir, incluidas las demandas de Italia sobre el Adriático, pero fue en vano, y las potencias aliadas rediseñaron el mapa de Europa a su gusto.

Además, los alemanes tuvieron que aceptar la responsabilidad exclusiva de la guerra y pagar reparaciones financieras a los Aliados por la suma de 132 mil millones de Reichmarks de oro (32 mil millones de dólares). Estas iban más allá de un pago inicial de 5 mil millones de dólares y una reparación anual en carbón de 40 millones de toneladas.

El tratado también limitaba el tamaño del ejército y la armada alemanes. El ejército no podía exceder los 100.000 hombres, y se prohibieron aviones militares, submarinos y tanques, entre otros armamentos. Los aliados exigieron la rendición de la flota alemana de alta mar, pero fue hundida antes de llegar a la base naval en Scapa Flow. El noventa por ciento de la marina mercante también tuvo que ser entregado a los Aliados. También se tomaron medidas para el juicio del Káiser Guillermo II y de otros funcionarios alemanes de alto rango como criminales de guerra. Pero estas nunca se efectizaaron ya que la reina Guillermina de los Países Bajos se negó a extraditarlo y, finalmente, después de dos décadas como un hombre libre en el exilio, Káiser Guillermo II murió a la edad de 82 años.

Los alemanes no esperaban que los aliados los trataran con tanta dureza, y muy pronto se ofendieron por las condiciones punitivas impuestas por el Tratado de Versalles, con lo cual aumentó el descontento. Sin embargo, sería un error echar toda la culpa de la Segunda Guerra Mundial a la Conferencia de Paz de París, pero no hay duda de que las duras medidas punitivas impuestas a Alemania por los Aliados jugaron un papel importante en el crecimiento del Tercer Reich. Adolf Hitler hábilmente explotó la crisis económica, social y política de la incipiente República de Weimar para crear las condiciones en las que podría convertirse en canciller en 1933 y finalmente en führer. Al intentar evitar otra guerra, los Aliados crearon involuntariamente el caldo de cultivo para el profundo nacionalismo alemán que finalmente desencadenó una fuerza funesta como no se había visto en el mundo nunca antes y que pocos podrían haberla imaginado.

Por los Caídos

Por Robert Laurence Binyon (1869-1943), publicado en *The Times* el 21 de septiembre de 1914.

Con orgullosa acción de gracias, una madre para sus hijos,

Inglaterra llora por sus muertos al otro lado del mar.

Carne de su carne eran, espíritu de su espíritu,

Caído en la causa de la libertad.

Solemne la emoción de los tambores: muerte augusta y real

Canta tristeza en esferas inmortales.

Hay música en medio de la desolación

Y una gloria que brilla sobre nuestras lágrimas.

Fueron con canciones a la batalla, eran jóvenes,

De postura firme, fieles a la vista, firmes y radiantes.

Se mantuvieron firmes hasta el final contra incontables adversidades,

Cayeron con sus rostros hacia el enemigo.

No envejecerán, como nosotros los que quedamos envejecemos:

La edad no los fatigará, ni los años los condenará.

Al ponerse el sol y en la mañana

Los recordaremos.

No se mezclan nuevamente con sus sonrientes camaradas;

Ya no se sientan a las mesas familiares del hogar;

No tienen sitio en nuestro trabajo del día;

Duermen más allá de la espuma de Inglaterra.

Pero donde están nuestros deseos y nuestras esperanzas profundas,

Se sienten como un manantial oculto a la vista,

Hasta el corazón más íntimo de su propia tierra son conocidos

Como las estrellas son reconocidas a la Noche;

Como las estrellas que brillarán cuando seamos polvo,

Moviéndose en marchas sobre la llanura celestial,

Como las estrellas que relucen en nuestros tiempos de oscuridad,

Hasta el final, hasta el final, permanecen.

Capítulo Dieciséis: Líderes Mundiales Que Desempeñaron Un Papel Fundamental En La Primera Guerra Mundial

La guerra ha causado el acenso y la ruina de muchos hombres. Y aunque durante mucho tiempo, las identidades de los millones de soldados de infantería que jugaron un papel vital en la guerra han sido olvidadas, los nombres de los líderes mundiales de esa época serán recordados para siempre por el papel que jugaron en la devastación de Europa.

El Káiser Guillermo II de Alemania

El Káiser Guillermo II, el nieto mayor de la reina Victoria, fue el último emperador alemán y rey de Prusia. Su reinado duró desde el 15 de junio de 1888 hasta su abdicación el 9 de noviembre de 1918. Hasta el día de hoy, el Káiser Guillermo y el alcance de su papel en la Primera Guerra Mundial sigue siendo controvertido. El consenso general parece ser que jugó un papel fundamental en los acontecimientos que condujeron a la guerra, pero fue un líder ineficiente en tiempos de guerra, y una vez que comenzó la lucha, se vio confinado en gran medida a un papel más protocolar, ya que el mariscal de campo Paul von Hindenburg. y el general Erich Ludendorff tomaron el control del ejército y, en realidad, del país.

Lo que sí se sabe es que el Káiser Guillermo II no era fanático de la democracia y prefería gobernar como un monarca absoluto. Rechazaba los movimientos socialdemócratas y de izquierda en Alemania y su creciente presencia en el Reichstag. También tenía una relación belicosa con los británicos, y parece que nunca se llevó bien con su primo, el rey Jorge V. La Ley de la Primera Flota de 1898 que iniciara la creación de una poderosa armada alemana fue, al menos en parte, impulsada por el deseo del Káiser de construir un imperio que superara a Gran Bretaña en todos sus aspectos. Bajo el Káiser Guillermo II, el ejército alemán se convirtió en una fuerza a tener en cuenta en el frente político, los generales dominaban más la política que a los políticos.

El Káiser Guillermo II ciertamente puso a Alemania en pie de guerra, y no dudaría cuando se le pidió que apoyara al Imperio austrohúngaro. De hecho, tras el asesinato del archiduque Francisco Fernando en Sarajevo, Guillermo alentó activamente a Austria-Hungría a tomar una posición intransigente con los serbios, enviándoles efectivamente lo que se conoce como un "cheque en blanco" de apoyo en caso de guerra. No se sabe si se dio cuenta de la reacción en cadena que esto desencadenaría. O tal vez pensó que sus lazos de sangre con la mayoría de los monarcas en Europa serían suficientes para evitar una guerra a gran escala. Independientemente de lo que el Káiser pensara o imaginara que sucedería, su aliento y apoyo a Austria-Hungría ciertamente contribuyeron al estallido de la guerra.

Durante la guerra, el Káiser Guillermo II retuvo el poder de hacer cambios en los niveles superiores del comando militar, pero fue en gran medida un monarca en la sombra, una figura útil para las relaciones públicas que recorría las líneas del frente y entregaba medallas, pero no tomaba decisiones militares, ya que el verdadero mando del ejército alemán estaba con sus generales. En 1916, Alemania, a todos los efectos y propósitos, se había convertido en una dictadura militar dominada por el dúo dinámico de los generales Paul von Hindenburg y Erich Ludendorff. Después de su abdicación, el Káiser Guillermo huyó a los Países Bajos, donde vivió en el exilio hasta su muerte en 1941. Poco después del final de la guerra, los Aliados querían castigar a Guillermo como criminal de guerra, pero la Reina Guillermina de los Países Bajos se negó a extraditarlo. Después de dos décadas en el exilio, murió a los 82 años.

El Zar Nicolás II de Rusia

Después de 304 años de dominio de los omanov en Rusia, Nicolás II estaba destinado a ser el último zar. Su reinado no solo puso fin al gobierno de la Casa de Romanov, sino que también vio al otrora poderoso Imperio ruso declinar y desmoronarse al convertirse en una sombra del gran poder político y militar que había sido. No se puede echar toda la culpa al zar Nicolás II, pero como emperador de Rusia y comandante del ejército ruso durante la Primera Guerra Mundial, fue la cara de la Rusia imperial y el hombre que el mundo recuerda por hundir a su país en disturbios y revolución.

Niholás Aleksandrovich Romanov, nació cerca de San Petersburgo, era el hijo mayor y heredero del zar Alejandro III. Sucedió a su padre en el trono en 1894 y gobernó hasta su abdicación forzada en marzo de 1917. Poco después de ser coronado zar de Rusia, Nicolás se casó con la princesa Alejandra de Hesse, tuvieron cuatro hijas y un hijo. Según todos los relatos, la zarina Alejandra era la personalidad más dominante de la familia real y alentaría las tendencias más autocráticas de Nicolás. Sus enemigos políticos lo llamaban Nicolás el Sanguinario por su represión violenta de la Revolución Rusa de 1905, la ejecución de opositores políticos y la derrota rusa en la guerra rusojaponesa. Los historiadores soviéticos lo retratan como un hombre débil y un líder incompetente cuyas decisiones finalmente llevaron a la derrota de Rusia en la Primera Guerra Mundial y la muerte de millones.

Cuando llegó al trono, el zar Nicolás II tenía muy poca experiencia de gobierno, pero estaba decidido a que Rusia no quedara fuera de la lucha por el poder y las posesiones coloniales. Con este fin, alentó la expansión rusa hasta Manchuria, provocando una guerra costosa con Japón en 1904 que terminaría en derrota. Desafortunadamente, después de eso las cosas no mejoraron mucho para el zar, y en enero de 1905, en el "Domingo Sangriento" de Rusia, el ejército disparó contra los manifestantes que exigían reformas. A medida que la oposición crecía, el zar Nicolás II se vio obligado a crear la Duma, o parlamento, que dio voz a más gente de clase media en el gobierno. Sin embargo, sus concesiones fueron limitadas y la policía secreta continuó aplastando a la oposición.

El zar Nicolás II intentó evitar el estallido de la Primera Guerra Mundial, pero cuando todos los esfuerzos diplomáticos fallaron, honró su alianza con Serbia y aprobó la movilización del Ejército Imperial Ruso. Esto dio a Alemania motivos formales para declarar la guerra a Rusia. Al comienzo de la guerra, la posición de la monarquía se fortaleció brevemente, pero esto no duraría mucho tiempo, y el zar Nicolás II hizo poco para ayudar a su causa. A mediados de 1915, había tomado el mando directo del ejército, pero no tenía la experiencia ni era un experto para dirigir una campaña militar, y su decisión sería desastrosa tanto para la nación como para su familia. Con Nicolás liderando el ejército y, por lo tanto, a menudo lejos en campañas militares, Alejandra comenzó a tomar un papel más activo en el gobierno. Esta también resultó ser una decisión impopular.

Muy pronto, Rusia estaba sufriendo mucho como resultado de la guerra; había grandes bajas en los campos de batalla y una creciente inflación y escasez de alimentos en el frente interno. La mayoría de los rusos vivían en la pobreza, y a medida que la guerra se prolongaba y el número de muertos aumentaba, la zarina nacida en Alemania se convirtió en el foco del descontento ruso. A medida que las pérdidas en el Frente Oriental se intensificaban, era solo cuestión de tiempo antes de que las cosas comenzaran a desmoronarse para el zar ya que el descontento se extendía y estallaban protestas en todo el país. En febrero de 1917, la situación finalmente llegó a un punto crítico, y a principios de marzo, el zar Nicolás II se vio obligado a abdicar del trono en nombre de él y su hijo, Alexei. El zar y su familia fueron mantenidos cautivos en varios lugares antes de ser ejecutados por los bolcheviques en Ekaterimburgo el 17 de julio de 1918, poniendo fin a la una vez poderosa Casa de Romanov.

La historia juzgaría duramente al zar Nicolás II y lo culparíade todos los problemas de Rusia, pero hay que tener en cuenta que llegó al poder en un momento en que el imperialismo estaba en decadencia y el mundo en crisis. Al final de la Primera Guerra Mundial, Rusia no era el único gran imperio destruido. La Alemania imperial, Austria-Hungría y el Imperio otomano fueron víctimas de la Gran Guerra, y en 1919, la faz de Europa había cambiado drásticamente.

Georges Clemenceau - Primer Ministro de Francia

Como primer ministro de Francia, Georges Clemenceau declaró que libraría la guerra "hasta el último cuarto de hora, porque el último cuarto de hora será nuestro".

Georges Clemenceau (28 de septiembre de 1841 al 24 de noviembre de 1929), apodado "El tigre", fue estadista y periodista y primer ministro francés durante la Primera Guerra Mundial. Clemenceau nació en Vendee, y desde muy joven, fue políticamente consciente. A través de su padre, conoció a hombres que estaban conspirando para derrocar al emperador Napoleón III, y luego estuvo involucrado en la publicación de periódicos que fueron cerrados por expresar sentimientos antigubernamentales. Antes de irse a Estados Unidos, Clemenceau estudió medicina durante cuatro años. Le sorprendió la libertad de discusión y expresión que se disfrutaba en Estados Unidos pero que no se conocía en Francia. Mientras estuvo en Estados Unidos, enseñó en una escuela de niñas en Stamford, Connecticut, y luego se casó con una de sus alumnas, Mary Plummer. Poco después de su matrimonio, regresaron a Francia, y Clemenceau trabajó brevemente como médico en Vendee, pero la política era claramente su gran pasión, por lo que regresó a París.

En 1871 Clemenceau se convirtió en alcalde del distrito 18 de París, pero renunciaría pronto. En 1876, fue elegido miembro de la Cámara de Diputados como representante del 18º Distrito. En 1880, comenzóa editar *La Justice*, un periódico que se convertiría en el principal portavoz de los radicales de París. Durante casi una década, trabajó como periodista y ganó reputación como crítico político, pero se negó a presentarse al cargo de diputado. En abril de 1902, finalmente fue persuadido para que se presentase a las elecciones como senador por Var. Este fue un momento vital en la carrera política de Clemenceau. Una vez elegido para el Senado, a principios de 1906 Clemenceau fue nobrado ministro del interior, y en octubre de 1906, lo nombraron por primera vez primer ministro.

Durante 1907 y 1908, se consolidaría la nueva entente con Inglaterra, pero el gobierno de Clemenceau caería en julio de 1909 y él renunciaría a su cargo. Para 1911, Clemenceau había regresado al Senado y era miembro de la comisión de asuntos exteriores y militares. Clemenceau ya estaba convencido de que Alemania se estaba preparando para la guerra y le preocupaba que Francia fuera tomada por sorpresa, por lo que su misión fue averiguar todo sobre los armamentos de su país.

Cuando estallara la guerra, pidió que se enviaran más armas, municiones y soldados al frente y abogó por el uso juicioso de la mano de obra. También presionó por un cuerpo médico más organizado y mejor equipado.

A pesar de toda su retórica política, Clemenceau fue sobre todo un patriota, y cuando se le pidió que liderara su país, dejó de lado todos sus otros intereses, y su único objetivo sería ganar la guerra. Incluso antes de asumir el cargo de primer ministro, Clemenceau había reconocido que a medida que la guerra se prolongaba y las tropas se atascaban en las trincheras, la moral estaba sufriendo, y esto estaba minando el esfuerzo de guerra. Hizo suya la misión de crear un deseo firme de victoria entre la población de Francia.

En noviembre de 1917, después de tres años de guerra y cuando la moral francesa estaba en su momento más bajo, Clemenceau aceptó la invitación del presidente Raymond Poincaré para encabezar el gobierno de guerra, y este cargo finalmente le valió el título de "Padre de la Victoria". Clemenceau estaba obsesionado con unificar el comando militar aliado, y cuando formó su gabinete, retuvo para sí los cargos de primer ministro y ministro de guerra. Luego convenció a los otros gobiernos de su forma de pensar, y en marzo de 1918, Ferdinand Foch fue nombrado comandante general de las fuerzas aliadas, y finalmente la estrategia de Clemenceau resultó exitosa

El 11 de noviembre de 1918, la guerra finalmente terminó, y los Aliados firmaron el armisticio con una Alemania derrotada. Clemenceau se vio inmerso en el proceso de construcción de la paz y presidió muchas sesiones difíciles en la Conferencia de Paz de París de 1919. También desempeñó un papel fundamental en la reconciliación de los intereses de Francia, Gran Bretaña y los Estados Unidos con respecto al Tratado de Versalles. e hizo campaña por el desarme de Alemania.

David Lloyd George - Primer Ministro de Gran Bretaña

David Lloyd George fue primer ministro de Gran Bretaña desde 1916 a 1922 y uno de los grandes reformadores del siglo XX. Lloyd George nació en Manchester en 1863, pero creció en Gales y fue un nacionalista galés de toda la vida. En 1890, habiendo calificado como abogado, fue elegido miembro del Parlamento por el Partido Liberal para Caernarvon. Luego ocupó ese mismo asiento hasta 1945. Tenía fama de radical y era famoso por su oposición a la guerra anglo-boer en Sudáfrica. En 1908, Lloyd George se convirtió en Canciller de Hacienda, y su presupuesto en 1909 preveía que el seguro social se financiara en parte con impuestos. El presupuesto fue rechazado por la Cámara de los Lores, pero su victoria fue de corta duración ya que esto condujo directamente a la Ley del Parlamento de 1911 que despojara a la Cámara de los Lores de su poder de veto.

Al estallar la guerra, Lloyd George seguía siendo canciller de Hacienda, y en 1915 fue nombrado ministro de armamentos. En 1916, fue nombrado secretario de estado para la guerra, pero se estaba volviendo cada vez más crítico del primer ministro Asquith. En diciembre de 1916, con el apoyo de los líderes del Partido Conservador y del Partido Laborista, Lloyd George reemplazaría a Asquith como primer ministro de Gran Bretaña. David Lloyd George y su gabinete de guerra se reunían a diario, y a menudo en estas reuniones tenían considerables desacuerdos con respecto al curso de la guerra. Con frecuencia discutía con el mariscal de campo Douglas Haig.

Lloyd George sentía que Haig estaba desperdiciando vidas, y sospechaba de sus demandas de una mayor libertad de acción en el campo de batalla. A pesar de sus enfrentamientos con Haig, Lloyd George fue un exitoso líder en tiempos de guerra que convenció a la Armada Real para que presentara el sistema de convoyes y apoyó el llamado de Clemenceau para unificar el comando militar aliado bajo el general francés Ferdinand Foch. Como principal delegado de Gran Bretaña a la Conferencia de Paz de París en 1919, fue una figura clave en la redacción del Tratado de Versalles.

Lloyd George siguió siendo primer ministro después de la guerra, y en 1921 se aseguró el acuerdo que establecía el Estado Libre de Irlanda. En octubre de 1922, el Partido Conservador retiró su apoyo a gobierno de coalición de Lloyd George en oposición a la política exterior de Gran Bretaña en Turquía, y Lloyd George renunció como primer ministro. Permaneció en el Parlamento, pero ya no tenía ningún poder real. David Lloyd George murió en Gales el 26 de marzo de 1945.

Woodrow Wilson - Presidente de los Estados Unidos de América

Woodrow Wilson, nació en Virginia en 1856, fue el vigésimo octavo presidente de los Estados Unidos de América y ocupó el cargo de 1913 a 1921. Antes de ser elegido presidente, fue profesor de colegio universitario, presidente de universiidad y gobernador demócrata de Nueva Jersey. Una vez en la Casa Blanca, promovió una agenda de reformas ambiciosa y progresiva. Wilson fue un firme defensor de la democracia y la paz mundial, y al estallar la Primera Guerra Mundial, instó al pueblo estadounidense a permanecer neutral tanto en pensamiento como en obra. Bajo su liderazgo, Estados Unidos mantuvo una política de aislamiento y neutralidad, permitiendo el comercio con los Aliados y Alemania hasta 1917. Pero para abril de 1917, Estados Unidos ya no podía quedarse al margen, y Wilson, con el apoyo del pueblo estadounidense y del gobierno, entró en guerra del lado de los aliados.

El 8 de enero de 1918, Wilson pronunció ante el Congreso su famoso discurso de Catorce Puntos. Este discurso describiría una posible estrategia de paz que terminaría con la Primera Guerra Mundial. Estableció los objetivos específicos que quería alcanzar durante y después de la guerra, y al hacerlo, se convirtió en el único líder que describiera públicamente sus objetivos en tiempos de guerra. El decimocuarto punto de su lista era el establecimiento de una Sociedad de Naciones para proteger la independencia de todos los países, grandes y pequeños.

Al final de la guerra, Wilson tendría un papel vital en la Conferencia de Paz de París y en la elaboración del Tratado de Versalles. En octubre del 1919, mientras hacía campaña a favor del apoyo estadounidense al Tratado de Versalles, sufrió un derrame cerebral que lo dejó paralítico, quedando incapacitado por el resto de su mandato. Después de la Primera Guerra Mundial, Wilson recibió el Premio Nobel por sus esfuerzos por la paz, su participación en el Tratado de Versalles y el establecimiento de la Liga de las Naciones. Woodrow Wilson murió de un derrame cerebral el 3 de febrero de 1924.

Mustafa Kemal Atatürk - Teniente Coronel del Ejército Otomano

Atatürk fue el fundador y primer presidente de la actual República de Turquía. Mustafa Kemal, nacido en 1881, en lo que aún era el Imperio otomano, fue criado para ser soldado, y su padre lo envió a la escuela militar a la edad de doce años. De allí, ingresó a la academia militar en Constantinopla, la actual Estambul. Se graduó en 1905 y entró directamente al servicio militar. Luchó contra los italianos en Libia y en las guerras de los Balcanes desde 1912 hasta 1913, pero fue su astuto liderazgo militar en Gallipoli y la derrota de la invasión aliada lo que cimentara su reputación y le diera el apoyo que necesitaba para organizar una revolución nacionalista en Anatolia y finalmente derribar el Imperio otomano.

En mayo de 1919, Atatürk inició la oposición contra el acuerdo de paz impuesto a Turquía por los aliados. Esta oposición fue principalmente en respuesta a los intentos griegos de apoderarse de Esmirna, y Atatürk logró la revisión del acuerdo de paz en el Tratado de Lausana. En 1921, estableció un gobierno provisional en Ankara, y al año siguiente, se abolió el Sultanato otomano. En 1923, Turquía se transformó en una república con Atatürk como presidente. Después estableció un estado de partido único en Turquía que duraría hasta 1945. Mientras fue presidente, Atatürk introdujo reformas sociales y políticas para modernizar Turquía. Estas incluían la introducción del calendario y el alfabeto occidentales, así como un sistema legal occidental. En sus relaciones con potencias extranjeras, se esforzó por permanecer neutral y mantener relaciones amistosas con los vecinos de Turquía. Atatürk murió en noviembre de 1938, pero hasta hoy, su influencia todavía se siente en toda Turquía.

Paul von Hindenburg - Comandante del 8º Ejército Alemán

En agosto de 1914 Paul von Hindenburg era comandante del 8º ejército alemán en el Frente Oriental. Dirigió a sus tropas a la victoria sobre el 2º ejército ruso en la batalla de Tannenberg, y derrotó al primer ejército ruso en la batalla de los lagos de Masuria y expulsó con éxito a los rusos de Prusia Oriental. Durante la mayor parte de la guerra, él y el general Erich Ludendorff tomaron el control del ejército y, en realidad, del país.

Erich Ludendorff - General Alemán

Erich Ludendorff jugó un papel clave en garantizar la victoria alemana sobre los rusos en la batalla de Tannenberg. Sin embargo, tuvo menos éxito en el Frente Occidental. Ludendorff fue el que ordenó la reanudación de los ataques submarinos en el Atlántico, un acto que ayudó a convencer a los estadounidenses de entrar en la guerra del lado de los Aliados.

Erich von Falkenhayn - Jefe del Estado Mayor Alemán

Erich von Falkenhayn fue el Jefe del Estado Mayor alemán desde septiembre de 1914 hasta el 29 de agosto de 1916. Identificó y eligió Verdún como campo de batalla para intentar romper el espíritu francés. Von Falkenhayn fue comandante del ejército alemán durante la batalla de Verdún, pero fue relevado de su mando después de que los alemanes no pudieran tomar Verdún.

Helmuth von Moltke, También Conocido como Helmuth el Joven - Jefe del Estado Mayor Alemán

Helmuth von Moltke era jefe del Estado Mayor alemán al momento del estallido de la Primera Guerra Mundial, pero fue reemplazado en septiembre de 1914 después del fracaso de la Primera Batalla del Marne.

Ferdinand Foch - Mariscal de Francia y comandante en jefe de los ejércitos aliados

Durante la Primera Guerra Mundial, Ferdinand Foch fue una figura clave del ejército francés. Ayudó a derrotar a los alemanes en la Primera Batalla del Marne. En 1917 se convirtió en Jefe del Estado Mayor Francés, y en 1918 fue nombrado Comandante en Jefe de los Ejércitos Aliados. Lideró a las tropas aliadas en la Ofensiva de los Cien Días que finalmente obligara a los alemanes a rendirse.

Philippe Petain, Mariscal de Francia y Comandante en Jefe de las Fuerzas Francesas en el Frente Occidental

Philippe Petain dirigió a las fuerzas francesas en la batalla de Verdún y fue aclamado como un héroe nacional por rechazar al ataque alemán. En 1917, fue comandante en jefe del ejército francésdurante un breve período, y pudo mejorar la disciplina y elevar la moral en un momento crucial en la guerra de los Aliados.

Joseph Joffre, Mariscal de Francia y Comandante en Jefe de las Fuerzas Francesas en el Frente Occidental

Joseph Joffre, apodado Papa Joffre, fue comandante en jefe de las fuerzas francesas en el frente occidental desde el estallido de la Primera Guerra Mundial hasta diciembre de 1916. Fue aclamado por los franceses como el "Vencedor de Marne" después del éxito de Francia en la primera batalla del Marne.

Douglas Haig - Mariscal de Campo Británico

Douglas Haig fue Comandante en Jefe de las Fuerzas Expedicionarias Británicas durante la mayor parte de la Primera Guerra Mundial. Asumió el mando de manos de John French en 1915 y dirigió las fuerzas británicas en la batalla del Somme y la batalla de Passchendaele.

Herbert Kitchener - Secretario de Estado para la Guerra

Herbert Kitchener, primer conde Kitchener, fue nombrado Secretario de Estado para la Guerra al estallar la Primera Guerra Mundial y fue uno de los pocos generales que desde el principio, se dio cuenta que la guerra no llegaría a una conclusión rápida. Como resultado, organizó el mayor ejército de voluntarios que los británicos habían visto. El 5 de junio de 1916, Kitchener murió cuando viajaba a Rusia en el HMS Hampshire, cuando el barco chocó con una mina alemana y se hundió.

Aleksei Brusilov - General del Ejército Imperial Ruso y Comandante del 8º Ejército Ruso

Aleksei Brusilov, como comandante del 8º Ejército ruso en Galizcia y uno de los generales más innovadores de la Primera Guerra Mundial, fue responsable de la planificación y ejecución de la Ofensiva Brusilov en junio de 1916.

Paul von Rennenkampf - General del Ejército Imperial Ruso y Comandante del 1er Ejército Ruso

Paul von Rennenkampf fue comandante del 1er Ejército ruso en la Batalla de Tannenberg, la primera gran batalla en el Frente Oriental al estallar la Primera Guerra Mundial. Después de que Rusia fuera derrotada en la batalla de Lodz, fue despedido como comandante y se retiró. En 1918, los bolcheviques se le acercaron para servir en el recién formado Ejército Rojo Ruso, y cuando lo rechazara, recibió un disparo.

John J. Pershing - Oficial Superior del Ejército de los Estados Unidos

John Joseph Pershing, apodado el Negro Jack, fue un general del ejército de los Estados Unidos designado por el presidente Woodrow Wilson para comandar la Fuerza Expedicionaria de Estados Unidos cuando Estados Unidos se unió a la Primera Guerra Mundial en abril de 1917.

Conclusión

La Primera Guerra Mundial cambiaría dramáticamente la faz de Europa; ningún país escaparía ileso de la devastación y la pérdida, e incluso después de 100 años, aún quedan muchas de las cicatrices. Se destruyeron pueblos y aldeas pintorescas, los que una vez fueron fértiles campos se convirtieron en atolladeros fangosos por los interminables bombardeos, y estos lugares se convirtieron en los sitios de descanso final de millones. Ahora, los monumentos conmemorativos de los caídos están donde una vez hubo magníficos castillos, y las hileras de vides han sido reemplazadas por filas de tumbas.

El mapa político de Europa fue rediseñado. Las monarquías que habían gobernado durante siglos se encontraban entre las víctimas de la Gran Guerra. Los poderosos imperios que solo unos años antes parecían invencibles fueron destruidos y reemplazados por repúblicas. Y las Potencias Aliadas creyeron falsamente que habían derrotado a Alemania, de una vez por todas.

Pero el costo más devastador de la guerra fue el humano. Millones de hombres fueron asesinados, desfigurados y heridos. Algunos se recuperaron, pero muchos nunca lo hicieron. Regresaron a sus hogares golpeados y destrozados, meras sombras de los hombres fuertes que alguna vez fueron. Ya no soñaban con el honor y la gloria, sino que revivían continuamente la pesadilla de las trincheras, luchaban por aceptar los horrores que habían presenciado. Toda una generación de jóvenes de Europa había sido sacrificada en los campos de batalla de los frentes oriental y occidental en una guerra para poner fin a todas las guerras. Pero lamentablemente, esto no fue así, y veinte años después, Europa se encontraría una vez más en el centro de un conflicto devastador.

Irónicamente, fue el deseo mismo de evitar la guerra lo que finalmente condujo nuevamente al conflicto dentro de Europa. Las intenciones expansionistas de Hitler ya se estaban poniendo en evidencia en 1936 cuando las fuerzas alemanas recuperaran Renania y dos años después anexaran Austria. Ambos movimientos estaban en contradicción directa con los términos del Tratado de Versalles, y para entonces también estaba claro que Hitler se estaba rearmando y construyendo una poderosa fuerza aérea y armada alemana. Pero, sin embargo, los Aliados no pusieron fin a su comportamiento agresivo.

En un intento por evitar la guerra, en la Conferencia de Múnich en septiembre de 1938, el primer ministro británico, Neville Chamberlain, acordaría permitir que Alemania volviera a ocupar los Sudetes, la parte de Checoslovaquia de habla alemana. Cuando regresó a Gran Bretaña, Chamberlain fue aclamado como un héroe por mantener la paz en Europa. Pero algunos hombres, como Winston Churchill, quien describiera el Acuerdo de Munich como "un absoluto desastre", ya veían lo que estaba por venir. Sin embargo, no estaban en posiciones lo suficientemente poderosas como para cambiar el curso de la historia. Quizás si Inglaterra y Francia hubieran tomado una actitud más dura contra la expansión y el rearme alemán, podrían haber detenido a Hitler en su camino y haber salvado a Europa de la miseria de otra guerra. Pero eso no no fue lo que pasó, y cuando los Aliados se dieron cuenta de su error, ya era demasiado tarde y la guerra era inevitable.

Todavía es difícil imaginar que los hombres que habían sido testigos de la devastación total de la Primera Guerra Mundial, algunos de ellos incluso luchando en la línea del frente, tuvieron el estómago para hacerlo todo de nuevo. Y, sin embargo, algunos lo hicieron. Hombres como Hitler y sus seguidores estaban tan decididos a ver a Alemania levantarse de las cenizas, que no se detendrían ante nada para lograr su objetivo final. Parece que las únicas lecciones que aprendieron de la Primera Guerra Mundial fueron cómo usar la tecnología en su beneficio y luchar de manera más eficiente. Al menos evitaron el desgaste de la guerra de trincheras, pero el horror que finalmente desataron en el mundo fue mucho más devastador.

Vea más libros escritos por Captivating History

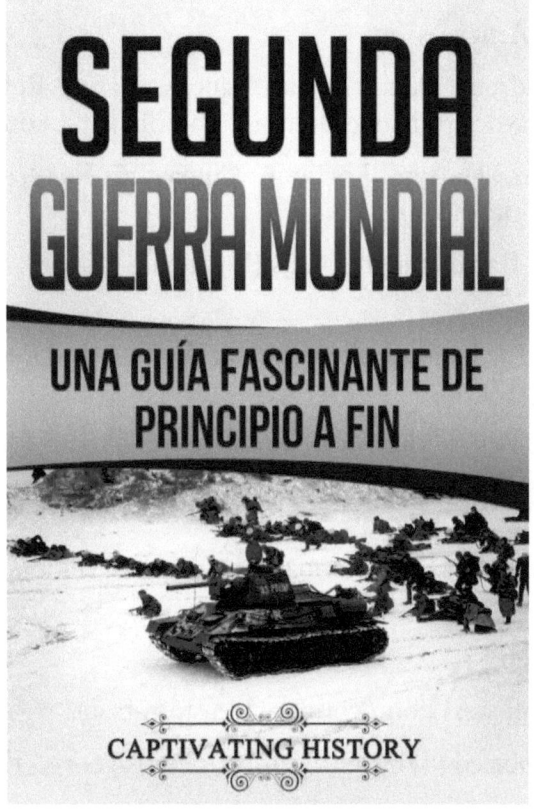

Referencias

Libros y Artículos

Carroll, Andrew; Detrás de las Líneas, Cartas Reveladoras y Sin Censura de Nuestro Mundo Devastado por La Guerra.

Cunningham, Harry; ¿Por qué Culpar al Káiser? (Todo Sobre Historia, número 054).

Hart, Peter; Barro; Sangre y Gas (Revista de Historia de la BBC, julio de 2017).

Hart, Peter Luchando Valientemente (Revista de Historia de la BBC, agosto de 2017).

Liulevicius, Vejas; Tierra de Guerra en el Frente Oriental: Cultura, Identidad Nacional y Ocupación Alemana en la Primera Guerra Mundial.

Smith, Adam; El Gran Cambio de Sentido Estadounidense (Revista de Historia de la BBC, abril de 2017).

Sitios Web

https://alphahistory.com/worldwar1/eastern-front/

http://www.bbc.co.uk/history/historic_figures/george_david_lloyd.shtml

http://www.bbc.co.uk/history/historic_figures/nicholas_ii.shtml

http://www.bbc.co.uk/history/historic_figures/wilhelm_kaiser_ii.shtml

http://www.bbc.co.uk/history/historic_figures/wilson_woodrow.shtml

http://www.bbc.co.uk/history/worldwars/wwone/battle_tannenberg.shtml

https://www.bbc.com/news/magazine-31042472

https://www.bbc.com/timelines/ztngxsg

http://biography.yourdictionary.com/nicholas-ii

https://www.britannica.com/biography/David-Lloyd-George

https://www.britannica.com/biography/Franz-Joseph

https://www.britannica.com/biography/Georges-Clemenceau

https://www.britannica.com/biography/Woodrow-Wilson

https://www.britannica.com/event/Battle-of-Tannenberg-World-War-I-1914

https://www.britannica.com/event/Battle-of-Verdun

https://www.britannica.com/event/First-Battle-of-the-Somme

https://www.britannica.com/event/Gallipoli-Campaign

https://www.britannica.com/event/June-Offensive

https://www.britannica.com/event/Second-Battle-of-Ypres

https://chemicalweapons.cenmag.org/first-hand-accounts-of-the-first-chlorine-gas-attack/

https://www.firstworldwar.com/battles/bolimov.htm

https://www.firstworldwar.com/battles/frontiers.htm

https://www.firstworldwar.com/battles/index.htm

https://www.firstworldwar.com/bio/clemenceau.htm

https://www.firstworldwar.com/bio/franzjosef.htm

http://www.greatwar.co.uk/battles/second-ypres-1915/

http://www.greatwar.co.uk/poems/john-mccrae-in-flanders-fields.htm

http://www.greatwar.co.uk/poems/laurence-binyon-for-the-fallen.htm

https://www.history.com/news/10-things-you-may-not-know-about-the-battle-of-verdun

https://www.history.com/this-day-in-history/battle-of-tannenberg-begins

https://www.history.com/this-day-in-history/heavy-casualties-suffered-in-the-battles-of-the-frontiers

https://www.history.com/topics/us-presidents/woodrow-wilson

https://www.history.com/topics/world-war-i/battle-of-jutland

https://www.history.com/topics/world-war-i/battle-of-the-somme

https://www.history.com/topics/world-war-i/battle-of-verdun

https://www.history.com/topics/world-war-i/kaiser-wilhelm-ii

https://www.historycrunch.com/second-battle-of-ypres.html#/

1https://www.historyextra.com/period/first-world-war/10-things-you-probably-didnt-know-about-the-bloody-eastern-front-in-1914/

https://www.historylearningsite.co.uk/world-war-one/battles-of-world-war-one/the-battle-of-verdun/

http://www.historynet.com/costliest-battles-and-campaigns-of-world-war-i.htm

https://www.historyonthenet.com/world-war-one-timeline/

https://www.iwm.org.uk/history/5-things-you-need-to-know-about-the-battle-of-the-somme

https://www.iwm.org.uk/history/what-you-need-to-know-about-the-gallipoli-campaign

https://www.iwm.org.uk/history/what-was-the-battle-of-the-somme

https://www.iwm.org.uk/history/what-was-the-battle-of-verdun

https://www.iwm.org.uk/history/who-was-david-lloyd-george

https://learnodo-newtonic.com/nicholas-ii-facts

https://online.norwich.edu/academic-programs/masters/history/resources/articles/6-important-battles-of-world-war-i

https://www.private-prague-guide.com/article/franz-joseph-the-most-beloved-emperor-of-the-habsburg-monarchy/

https://www.poetryfoundation.org/poems/46560/dulce-et-decorum-est

https://www.poetryfoundation.org/poems/47380/in-flanders-fields

https://nzhistory.govt.nz/war/the-gallipoli-campaign/introduction

http://www.richthofen.com/ww1sum2/

https://www.sciencehistory.org/distillations/magazine/a-brief-history-of-chemical-war

https://www.smithsonianmag.com/history/new-view-battle-gallipoli-one-bloodiest-conflicts-world-war-i-180953975/?page=2

https://www.telegraph.co.uk/news/2016/05/31/what-was-the-battle-of-jutland-why-was-it-so-important-to-the-fi/

https://www.theguardian.com/news/2015/apr/24/gallipoli-what-happened-military-disaster-legacy

https://www.theguardian.com/science/blog/2016/sep/16/chlorine-the-gas-of-war-crimes

https://www.thoughtco.com/assassination-of-archduke-franz-ferdinand-p2-1222038

https://www.warmuseum.ca/firstworldwar/history/battles-and-fighting/land-battles/second-ypres/

https://en.wikipedia.org/wiki/Battle_of_Tannenberg

https://en.wikipedia.org/wiki/Battle_of_Verdun

https://en.wikipedia.org/wiki/Christmas_truce

https://en.wikipedia.org/wiki/David_Lloyd_George

https://en.wikipedia.org/wiki/Georges_Clemenceau

https://en.wikipedia.org/wiki/Jutland

https://en.wikipedia.org/wiki/Nicholas_II_of_Russia

https://en.wikipedia.org/wiki/Second_Battle_of_Ypres

https://worldview.stratfor.com/article/world-war-i-retrospective-challenges-eastern-front

www.ingramcontent.com/pod-product-compliance
Lightning Source LLC
LaVergne TN
LVHW041646060526
838200LV00040B/1741